굿 피드백

팀장은 팩트(F.A.C.T.)로 말한다

| 김미애, 김선영, 김의철, 박민희, 박세희, 방성환, 안상희, 이경훈, 주민관, 최원설 지음 |

플랜비디자인

프롤로그

2021년 11월, 삼성전자는 '2022 미래지향 인사제도 혁신안' 도입을 위한 직원설명회를 열었다. 삼성전자는 직무순환을 위해 사내 FA$_{\text{Free Agent}}$ 제도를 도입하고, 우수 인력을 해외로 보내 미래 인재 양성 및 성장 터전을 마련하며, 상호협력과 소통 위주의 성과관리 체제로 전환하겠다고 밝혔다. 이는 기존의 상대평가를 절대평가로 전환하고 수시 피드백 강화 및 동료평가인 피어 리뷰$_{\text{Peer Review}}$ 도입을 통해 기존과 차별화된 소통 기반의 인사평가제도를 구축하는 것을 말한다.

글로벌 기업에서는 리더의 활발한 피드백과 구성원 간의 협업을 활성화하기 위한 피어 리뷰 활동이 인사평가제도로 정착되고 있다. 이유를 달지 않아도 피드백이 중요하다는 것을 모르는 사람은 이제 없다. '왜냐하면'이라고 부연하지 않아도 그 필요성을 이미 알고 있기 때문이다. 이제 궁금한 것은 '도대체 어떻게 하면 되는가?'이다. 그래서 우리는 '어떻게'에 집중했다. 어떻게 피드백을 하면 의도했던 방향으로 사람들이 행동하게 할 수 있을까? 어떻게 피드백을 하면 상처받지 않을까? 어떻게 하면 변화를 유도할 수 있을까? 어떻게 하면 발전할 수 있을까? 라는 질문에 대한 답변을 찾기 위해 노력했다.

그러나 우리 중 누구도 다른 사람이 하는 피드백을 관찰하지 못했다. 다만 피드백을 받았거나, 피드백을 했던 경험을 가지고 있을 뿐이었다. 그 외에는 피드백을 받았거나 했던 상황에 대해서 이야기를 들은 것이 전부였다. 그래서 피드백에 대한 책을 쓰는 것이 쉽지 않았다. 대신 열 명의 저자들은 함께 저술하는 과정을 통해서 배우고 성장했다. 이 과정에서 우리는 피드백을 요청하는 용기, 피드백을 수용하는 용기, 그리고 피드백을 반영하는 용기를 배웠다. 열 명의 저자들은 저마다의 경험과 저마다의 관점과 저마다의 방법을 가지고 있었다. 부디 이 책이 피드백을 고민하는 사람들에게 도움이 되길 바란다.

경험, 관점, 방법을 통합하는 시간은 생각보다 길었다. 때론 지쳤고, 때론 회피하고 싶었고, 실제로 회피하기도 했다. 그러나 우리는 포기하지 않았다. 우리가 전하려고 하는 메시지가 '포기하지 말라는 것', '용기를 내라는 것'이었기 때문이다. 피드백이 어렵다고 포기하지 말 것, 피드백 대상이 어렵다고 포기하지 말 것, 피드백 상황이 어렵다고 포기하지 말 것을 누누이 강조했던 저자들이기에 끝까지 부여잡고 결과를 만들었다.

어느 순간 우리는 깨달았다. 세상에서 가장 어려운 일은 아주 기본적인 것을 지키고 해내는 일이라는 것을 말이다. 이 책은 깨달음의 산물이자 깨달음의 촉매가 될 것이다. 당신만의 결이 다른 피드백, 격이 다른 피드백을 만들기를 응원한다. 그리고 그 피드백의 사례를 우리와 공유해주길 바란다.

플랜비디자인 대표 다니엘

| 차례 |

프롤로그   005

PART 1   피드백은 왜 변해야 하나

CHAPTER 1   피드백을 못하는 리더는 아무도 원하지 않는다   013
CHAPTER 2   근무환경이 달라지고 있다   021
CHAPTER 3   의사결정 방식이 달라지고 있다   035
CHAPTER 4   세대구성이 달라지고 있다   040

PART 2   굿 피드백은 F.A.C.T.에서 온다

CHAPTER 1   굿 피드백을 위한 F.A.C.T.   049
CHAPTER 2   F(Fearless) 두려움 없는 문화를 만들어라   054
CHAPTER 3   A(Acceptable) 수용 가능한 피드백을 하자   059
CHAPTER 4   C(Candid) 솔직하게 피드백하자   065
CHAPTER 5   T(Timely) 타이밍을 고민하라   070

PART 3   어떤 순서로 피드백해야 효과적일까

CHAPTER 1   지혜를 제시하는 피드백 프로세스   081
CHAPTER 2   준비: 피드백 디자인   085
CHAPTER 3   시작: 피드백의 마중물   091
CHAPTER 4   진행: 상생의 공동체 마인드   097
CHAPTER 5   정리: 상호 확인   104
CHAPTER 6   지속: 변화를 돕는 페이스메이커   111

PART 4 격을 높이는 피드백 센스

CHAPTER 1	피드백 센스를 키우자	121
CHAPTER 2	상대의 기분을 알아차리고 관리하는 감정 센스	124
CHAPTER 3	상대를 객관적으로 판단하게 돕는 관찰 센스	129
CHAPTER 4	공감적 피드백을 이끄는 경청 센스	137
CHAPTER 5	진심을 이끌어내는 말 센스	143
CHAPTER 6	관점을 확장시키는 질문 센스	147

PART 5 리얼 피드백, 이럴 땐 이렇게

CHAPTER 1	성과도 좋고 태도도 좋은 직원은 이렇게 피드백하자	155
CHAPTER 2	성과는 낮지만 태도가 좋은 직원은 이렇게 피드백하자	161
CHAPTER 3	성과는 좋지만 태도가 나쁜 직원은 이렇게 피드백하자	173
CHAPTER 4	세대 특성을 감안한 피드백을 하자	185
CHAPTER 5	어려운 상황에서의 피드백은 이렇게 하자	196
CHAPTER 6	비대면 근무 환경에서의 피드백은 이렇게 하자	204

PART 6 최고의 피드백 vs. 최악의 피드백

| CHAPTER 1 | 내 인생 최고의 피드백 | 213 |
| CHAPTER 2 | 내 인생 최악의 피드백 | 233 |

| 부록 1 | 피드백 관련 직장인 설문조사 및 결과 분석 | 243 |
| 부록 2 | 피드백의 이론적 배경 및 피드백의 구성요소 | 281 |

피드백 관련 이론 연구 참고문헌   305

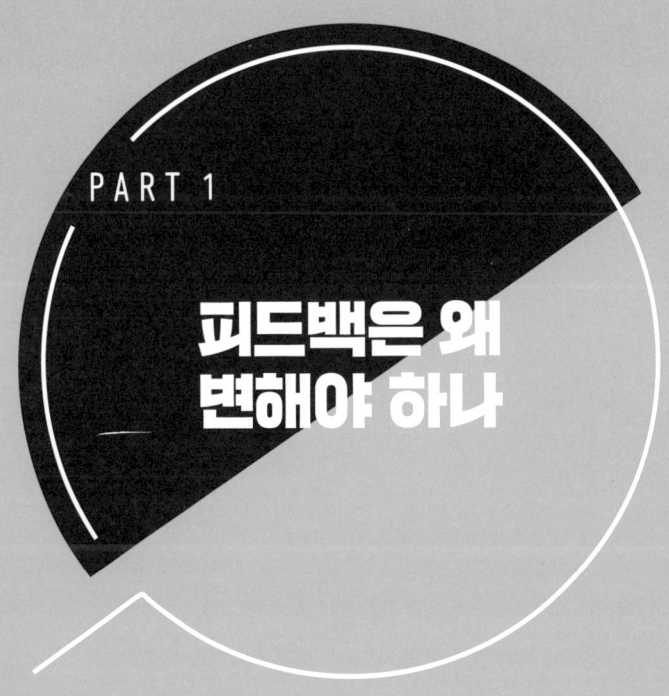

PART 1
피드백은 왜 변해야 하나

성과를 내는 리더들은 피드백을 잘 활용한다.
소통을 잘하는 리더들은 구성원에게 올바르게 피드백하며,
역으로 구성원으로부터 받은 피드백도 잘 활용한다.

CHAPTER 1

피드백을 못하는 리더는 아무도 원하지 않는다

피드백을 못하는 리더들

"우리 회사 팀장님들은 피드백Feedback을 제일 힘들어하시더라구요."

3월 초부터 플랜비디자인의 나인팀 프로젝트로 모인 저자들은 리더를 위해 무엇이 필요한지를 고민하면서, '리더가 정말 어려워하는 것이 무엇일까?'에 대한 내용으로 초점을 맞추게 되었다.[1]

"리더에게 가장 기본적인 기술이면서도, 가장 어려운 것이 피드백 아닐까요?"

"생각해보니, 저도 팀장님께 제대로 된 피드백을 받은 기억이 별로

---

1 나인팀 프로젝트는 플랜비디자인에서 진행하는 공동 저술 프로젝트로 2018년 1기를 시작으로 2027년까지 진행될 예정이다. '나인팀'은 '娜(아름다울 나)+人(사람 인)+Team'으로 아름다운 사람들이 함께하는 팀이라는 뜻이다.

없네요."

"리더들은 칭찬도 인색하지만 팀원들에게 어려운 말, 고칠 점을 피드백하는 것을 더 힘들어하는 것 같아요."

"우리 팀장님은 1년 동안 별다른 피드백도 하지 않다가, 연말이 되어서야 높은 점수를 줄 수 없다며 미안하다고 말씀하셔서 화가 나더라고요. 그런데 한편으로는 미안해하는 모습이 안쓰럽기도 했어요."

각자의 경험담이 생생하게 쏟아지기 시작했다. 이처럼 피드백은 리더도 어려워하는 주제임은 물론, 구성원도 아쉬움을 느끼는 주제라는 데 모두 동의하고 있었다. 저자들은 피드백을 어떻게 해야 할지 궁금할 때마다 쉽게 찾아볼 수 있는 책을 만들어보자고 생각하게 되었다.

조직의 리더는 팀 구성원과 일하며, 그들의 성과를 끌어내야 하는 위치에 있다. 리더는 목표 달성을 위해, 구성원의 성장을 위해, 그리고 조직의 성과를 위해 피드백을 해야 하지만 대부분은 피드백을 어려워한다. 본인 자신도 상사에게 올바른 피드백이 무엇인지 배울 기회가 없었을 뿐만 아니라, 배웠다 하더라도 현장에서 실천할 기회가 부족해서 구성원들에게 제대로 된 피드백을 해주는 것이 익숙하지 않기 때문이다.

탁월한 소통 능력을 발휘하는 리더들이 우리 주변에 꽤 있다는 것을 믿어 의심치 않는다. 그런데도 일부 리더들은 어색하게 일대일로 이야기를 어떻게 하느냐면서 피드백을 회피하기도 하고, 피드백을 안 해도 성과에는 문제가 없다는 태도를 보이기도 한다. 또는 부적절한 언어로 상대에게 상처를 주는 리더들도 여전히 있다. 그러나 피드백은 이제 개인의 선택이나 기호의 문제가 아니다. 피드백은 타인을 위한 리더의 의무이며, 구성원들이 리더에게 요구하는 시대적 요청이다.

피드백하지 않는 리더는 타인의 성장에 무관심한 리더이며, 피드백을 잘하지 못하는 리더는 타인의 성장에 영향을 주지 못하는 무능한 리더다. 조직을 둘러싼 환경이 달라지면서 리더들은 더욱더 구성원들과 소통해야 하는 시대를 살아가고 있다. 이제는 피드백을 못하는 리더를 아무도 원하지 않는다.

성과를 내는 리더들은 피드백을 잘 활용한다. 소통을 잘하는 리더들은 구성원에게 올바르게 피드백하며, 역으로 구성원으로부터 받은 피드백도 잘 활용한다. 이런 생각으로 저자들은 좋은 팀장이 되기 위한 '좋은 피드백', 즉 '굿 피드백'을 위한 모든 것에 관해서 이야기해보기로 했다.

피드백이란 무엇일까

팀장을 위한 피드백을 다루기 위해, 저자들은 피드백의 차별화된 정의가 필요했다. 그래서 우리는 먼저 기존 피드백의 정의를 알아보기 위해 여러 문헌과 자료들을 살펴보았고, 피드백이 코칭, 지시, 멘토링 등과 어떻게 다른지 파악해보고자 했다.

학술 분야에서 피드백 개념은 시대에 따라 다양하게 변화하고 있었다. 그 이유는 시대의 변화에 따라 조직이 변화하고, 조직의 변화에 따라 피드백의 대상이 되는 인간에 대한 관점, 즉 조직을 구성하는 '사람'을 바라보는 관점이 계속 변화해왔기 때문이다. 피드백 정의 중 몇 가지를 간단히 소개해보면 다음과 같다.

- 피드백이란 개인이나 집단에게 그들의 과거 행동이나 성과에 대한 양적·질적인 정보를 제공해주는 것을 의미한다(Prue & Fairbank, 1981).
- 피드백은 조직 구성원들이 여러 목표를 달성하기 위한 행동의 적절성이나 정확성을 판단하도록 도와주는 다양한 분야의 정보를 제공하는 것이다(Ashford, 1986).
- 피드백은 새로운 과업이나 직무의 학습과정에서 개인의 노력 수준을 강화시켜 결과를 개선시키기 위한 동기부여 차원에서 중요한 요소다(Farr, 1993; Becker, 1978).
- 피드백은 조직의 맥락 안에서 피드백을 얻은 사람이 정보를 내면화해 변화를 일으키는 과정이며, 변화는 피드백과 구성원 간의 상호작용을 통해 일어난다(윤선경·송영수, 2017; 조대연·이윤수·설현수, 2013).

초기 피드백의 정의는 특정한 목적의 달성을 위해 개인이나 집단에게 제공되는 정보에 가까웠다. 그런데 인간 심리와 행동에 대한 연구, 즉 동기부여이론, 강화이론 등이 점차 발달함에 따라 피드백의 관심이 '사람'으로 옮겨가면서, 피드백의 개념에도 영향을 미치기 시작했다.

피드백의 개념과 내용은 리더십, 소통, 상담, 성과관리에 관한 도서에서 하나의 챕터로 다루어지거나 짧게 언급되곤 한다. 『나는 인정받는 팀장이고 싶다』에서도 피드백에 관한 내용을 다루었다. 이 책에서는 피드백을 '어떤 원인에 의해 나타난 결과가 다시 원인에 작용해 그 결과를 줄이거나 늘리는 자동조절 원리'라고 소개하고 있다. 그렇다면 우리는 피드백을 무엇이라고 설명할 수 있을까? 저자들은 피드백의 정의를 파악하는 과정을 통해 그 개념과 모습을 어느 정도 구체화할 수 있었고, 각자가 생각하는 피드백의 새로운 정의를 다음과 같이 표현해보았다.

- 피드백은 해야 할 것과 하지 말아야 할 것이 무엇인지 알게 하는 것이다.
- 피드백은 대화를 통해 내가 원하는 결과로 타인을 이끌게 하는 것이다.
- 피드백은 바른 성장으로 이끌어주는 연결 도구다.
- 피드백은 목표로 연결되는 소통 도구다.
- 피드백은 목표 달성을 위한 명확한 메시지다.
- 피드백은 목표에 다가가는 길을 정확히 알려주는 것이다.
- 피드백은 구성원이 흔쾌히 동의하게 만들고 목표를 달성하게 하는 것이다.
- 피드백은 우리를 움직이게 한다. 그리고 마지막에 웃을 수 있도록 한다.
- 피드백은 목표에 이르는 지름길을 알려주는 리더의 선물이다.
- 피드백은 타인의 변화와 성장을 위해 함께하는 되새김질이다.

피드백에 대한 우리의 정의는 다양했다. 과거에도 그래왔듯이, 변화하는 환경 속에서 피드백의 개념도 역시 변화하고 진화할 것이다. 진화론에서 이야기하는 적자생존과 자연선택이론처럼 변화하는 환경에 적합한 피드백의 정의가 살아남을 것이다.

당신에게 적절한 피드백의 정의는 어떤 것인가? 피드백은 무엇이며, 왜 필요한지 시간을 내어 고민해보자. 때로는 혼자, 때로는 여럿이 모여 이야기해보자. 하나로 정해지지 않더라도, 우리가 왜 피드백을 고민해야 하는지에 대한 다양한 생각이 나온다면 그것이 바로 당신이, 당신의 조직에서, 여러분의 구성원들에게 해야 할 가장 적합한 피드백의 목적, 역할, 정의가 될 것이다.

결이 다른 피드백, 격이 다른 피드백을 위한 여정

얼마 전 프리미어리그에서 뛰는 손흥민 선수가 월드클래스인가 아닌가 하는 논쟁이 현지에서 있었다. 손흥민 선수의 축구를 보면 다른 선수와는 결과 격이 다른 축구를 한다고 느껴질 때가 있다. '결'이 공을 차는 모습과 특징이라면, '격'은 공을 다루는 수준을 의미한다. 이처럼 리더의 피드백은 그 모습과 수준이 달라져야 한다. 왜 달라져야 할까? '왜'라는 질문에 대한 답을 찾기 위해서는 우리가 처한 환경과 조직, 세대의 변화를 이해하는 것에서부터 시작해야 한다. 따라서 Part1에서는 코로나19 팬데믹으로 인한 온라인 환경의 변화, 성과관리 방식의 변화로 인한 조직문화의 변화, 그리고 새로운 세대의 등장으로 인한 조직 내 피드백 환경의 변화를 이야기할 것이다.

축구를 잘하려면 어떻게 해야 할까? 먼저 축구의 규칙을 정확하게 알아야 한다. 학교에서 친구들끼리 공을 주고받으며 노는 수준이라면 정확한 규칙을 몰라도 된다. 조금 더 공적인 무대인 조기축구회에서 사람들과 함께하려면 정확한 규칙 정도는 익혀야 한다. 축구의 룰을 익히는 것은 좋은 피드백의 구성 요건이 무엇인지 이해하는 것과 같다. Part2에서는 좋은 피드백의 구성요소를 두려움 없는 조직문화, 수용 가능성, 솔직함, 적시성의 앞 글자를 딴 'F.A.C.T.' 관점으로 설명할 것이다.

굿 피드백 모델

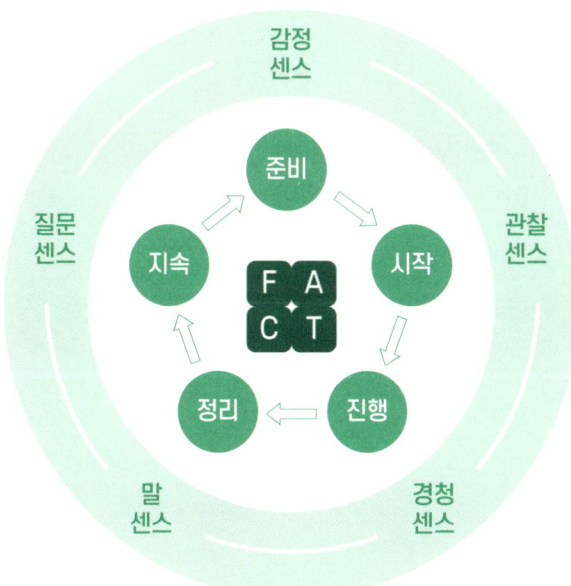

F.A.C.T.: F(Fearless), A(Acceptable), C(Candid), T(Timely)

축구를 더 잘하려면 연습과 실전 경험이 필요하다. 혼자서 연습을 할 수도 있고, 친선경기를 할 수도 있다. 꾸준히 경험하고 익혀야 한다. 피드백으로 설명하자면 '피드백 프로세스를 연습하는 것'이다. 실전이 가장 훌륭한 연습이라는 말처럼 구성원과의 피드백 프로세스를 바탕으로 반복적으로 꾸준히 연습과 실전 경험을 해야 한다. 그래서 Part3에서는 피드백 프로세스에 대한 이야기를 준비했다.

진정으로 탁월한 축구선수가 되려면 개인기가 필요하다. 돌파를 잘하는 선수인지, 팀워크를 잘 이끄는 선수인지, 체력이 좋은 선수인지 혹은 이 모든 것을 다 갖춘 선수인지가 탁월함을 결정한다. '굿 피드백의 구성요소'와 '피드백 프로세스'를 아는 것만으로도 이미 굿 피드백을 할 수 있는 팀장이지만, 팀원을 성장시키는 탁월한 피드백을 하기 위해서는 개인기가 필요하다. 그래서 Part4에서는 피드백 센스인 감정, 관찰, 경청, 말, 그리고 질문 센스에 대해 다뤄보았다.

이 책을 읽는다고 '마법과 같이 피드백에 관한 모든 고민이 해결된다'고 단정할 수는 없다. 그러나 피드백에 대해 고민하는 리더들에게 도움이 될 것이라고 확신한다. 지금부터 결이 다른 피드백, 격이 다른 피드백을 위한 여정을 함께 떠나보자.

근무환경이
달라지고 있다

비대면 랜선 시대가 앞당겨졌다

2014년 11월 뉴욕 브라이언트 공원, 어디에선가 멋진 오케스트라 연주가 들려오자 길을 지나던 사람들이 멈춰 섰다. 그러나 놀랍게도 지휘자 앞에는 연주자가 한 명도 없었다. 뉴욕공립도서관 앞 공원에서 작곡가 겸 지휘자 레브 리호바Lev Ljova는 9대의 노트북을 바라보며 열정적으로 지휘를 하고 있었다. 9대의 노트북에서는 각각 기타, 아코디언, 첼로, 비트박스 등의 9가지 음률이 조화롭게 흘러나왔다. 각 소리의 주인공들은 각기 다른 지하철역에서 와이파이로 연결된 스마트폰을 통해 원격으로 연결된 상태에서 그의 지휘에 따라 훌륭하게 연주하고 화음을 맞춰냈다.[2]

'뉴욕 와이파이 오케스트라'라는 이름으로 시도된 비대면 교향곡 협연 프로젝트.

팬데믹 시대의 피드백은 어때야 할까

서울의 한 사무실, 김팀장은 아침 일찍 회사 건물에 들어섰다. 유연근무제로 인해 8시에 출근하는 김팀장은 자리에 앉기 전에 텅 빈 사무실을 둘러본다. 10시에 출근하는 팀원들이 있긴 하지만 그들이 모두 출근을 해도 절반 정도는 계속 비어 있을 것이다. 재택근무 때문이다.

시선이 최사원의 책상에 머무르자, 김팀장의 입에서 한숨이 새어 나온다. 어제 사무실로 출근했던 박대리가 말하길, 재택근무 중인 그가 협업을 제대로 해주지 않아서 일정이 계속 지연되고 있다며 조치를 취

---

2 〈SIGNAL STRENGTH, the first NYC wifi orchestra, music by Ljova〉, 유튜브, 2014.10.22, https://youtu.be/X6PhsrcO80g

해달라고 한 요청이 떠올랐기 때문이다. 최사원이 연락도 제대로 받지 않는다는 박대리의 말을 듣고 나니 이번엔 그냥 넘길 수가 없다. 오늘도 최사원은 재택근무를 신청했다. 일정을 체크해보니 오전 10시에 팀 주간 업무 회의가 화상으로 진행될 예정이다. 모두가 보는 앞에서 최사원을 나무랄 수는 없다. 메신저로 우선 대화를 시도했다.

김팀장 안녕하세요. 오늘 오후 2시에 시간 괜찮나요? (08:10 a.m.)

최사원의 대답이 없다. 메시지를 보았는지 체크했지만, 확인하지 않았다는 표시만 보인다. 어쩌면 확인을 안 한 척할 수도 있겠다는 의심도 든다. 1시간 20분 후에야 답변이 왔다.

최사원 저 프로젝트 회의가 있어서 어려운데요. (09:30 a.m.)
김팀장 그래요? 그럼 3시는 어떤가요? (09:30 a.m.)

10분이 지났지만 회신이 없다. 답답한 마음에 전화를 걸어본다. 통화음이 계속 울리지만 받지 않는다. 포기하고 끊으려고 하는 순간 자다 깬 듯한 최사원의 목소리가 들린다.

김팀장 지금 일어났나요? 메신저 답변이 없어 전화했어요.
최사원 제가 오늘은 10시부터 근무라서요….
김팀장 (9시 30분인데 아직도 자고 있는 건가?) 협업하는 게 잘 안 된다는 얘기가 들려서요. 박대리 말로는 연락도 잘 안 받는다 하더라고요. 재택근무여도 업무는 제대로 해야 하지 않을까요.

최사원 …

김팀장 뭐라고 말을 해야 저도 상황을 파악하지요.

최사원 근무시간일 때는 연락 잘 받았습니다.

김팀장 그럼, 근무시간에만 연락을 받는다는 건가요? (길게 한숨을 쉬며) 10시에 팀 회의가 있어 길게 말하긴 어렵고, 앞으로는 동료들 연락을 잘 받아주시면 좋겠네요. 급한 일로 연락했는데 통화가 안 되면 얼마나 답답하겠어요. 서로 협력하면서 일하자구요.

최사원 (3~4초 뒤) 예.

전화를 끊은 김팀장은 찜찜한 마음을 뒤로하고 팀 화상회의를 진행했다. 회의 내내 최사원의 카메라에는 이마만 보인다. 예전 팀장들처럼 퇴근 후 술이라도 한잔하며 허심탄회하게 이야기해보고 싶지만 퇴근 후 회식을 싫어하는 그의 특성으로 볼 때 쉽지 않은 일이다.

앞에서 소개한 레브 리호바의 지휘를 생각해보자. 김팀장은 온라인 랜선 환경이라는 제약 속에서 레브 리호바의 팀처럼 멋지고 조화롭게 업무를 수행하지 못하고 있다. 왜 그의 소통은 원활하지 않을까? 왜 그의 피드백을 받은 팀원은 불만스러워 보이는 걸까? 김팀장은 앞으로 이 난관을 어떻게 헤쳐나가야 할까?

코로나19의 영향으로 많은 조직에서 출퇴근 시간을 자유롭게 바꿨고, 원격으로 일하는 방식도 적극적으로 활용하는 중이다. 전문가들 사이에서는 코로나19 사태가 안정화된 이후에도 시간과 장소에 구애받지 않는 온라인 근무환경은 어느 정도 정착될 것이라는 분석이 많다.

    문제는 아직은 팀원들이 각자의 역할을 원활하게 수행할 준비가 되어 있지 않다는 데 있다. 동시에 팀장 역시 팀원들과 멋진 조화를 창출할 준비가 되어 있지 않다. 한국경제연구원이 대기업 130개사를 대상으로 조사한 결과에 따르면, 코로나19 이후 재택근무를 실시한 기업은 68.5%였다. 그런데 재택근무에 따른 업무 효율성을 묻는 질문에는 '감소했다'는 응답이 46.1%로, '증가했다'는 응답인 10.1%보다 약 4.6배 높았다.³ 직장인들의 근무형태가 변화한 것에 비해, 비대면 재택근무 이후 업무의 효율성은 감소했다. 이는 조직 내에서 업무의 효율성을 높이기 위한 적극적인 노력이 필요하다는 것을 말해준다. 또한 이 책의 저자들이 「피드백 관련 직장인 설문조사」를 실시한 결과에 따르면 리더 응답자의 32.3%, 팔로어 응답자의 30.4%가 비대면 업무환경에서 피드백이 감소했다고 응답했다.⁴ 결국 변화하는 환경에 따라 리더의 피드백도 변화에 직면해 있다.

직급역전 현상이 늘어나고 있다

    최근 팀장과 팀원의 나이가 역전되는 현상이 많아지고 있다. 이는 최

---

3 「주요 대기업 10곳 중 7곳 재택근무, 효율은 떨어져…임금은 3% 안팎 오를 듯」, 『이투데이』, 2021.08.29.
4 저자들이 진행한 「피드백 관련 직장인 설문조사」, 조사기간: 2021.10.4.-10.21., 대상: 대한민국 직장인 1,278명.

근 직원들의 근속기간이 길어지고 있는 제조 중심의 기업, 또는 프로젝트 업무 기반으로 연령보다 팀 업무의 효율적인 관리를 중요시하는 기업에서 많이 나타나기도 한다. 직급역전 현상은 자연스러울 수 있지만 현실적으로 팀원보다 어린 팀장들이 팀원을 다루기 어려워하는 경우도 있다. 언론에 소개된 사례를 하나 살펴보자.

> 국내 금융사에 근무하는 40대 초반 김팀장은 자신보다 나이가 서너 살 이상 많은 팀원들의 저항과 무시로 인해 고민이 많다. 나이 많은 팀원 중 한 명은 사적인 회식 자리에서 자신을 선배로 대우해줄 것을 노골적으로 요구하기도 했다. 총무팀에서는 나이 많은 팀원들의 경우 고객사 대응을 위해 팀장 명함을 발급받을 수 있도록 허용하라는 회신을 보내왔다. 김팀장은 원활한 영업을 위해 은근히 이런 분위기를 용납해주는 회사의 대응에 아쉬움이 많다.[5]

전통적으로 팀장이라는 직책은 모든 면에 있어 다른 팀원들보다 뛰어난 역량을 가진 구성원이 맡는 자리라고 여겨져 왔다. 우리나라는 특히 연공서열 문화가 강해 대체로 조직 내에서 연장자가 팀장을 맡는 경우가 많았다. 하지만 나이가 조직 리더로서의 역량과 경험의 크기와 일치한다고 할 수 없다. 이제 팀장은 팀원보다 모든 역량이 뛰어난 사람이 맡는 것이 아니라 여러 역량 중에서 '팀장 역할'을 잘하는 사람이 맡는 것이라는 인식이 확산되고 있다. 최근 글로벌 기업뿐 아니라 국내 기업에서도 전문성을 가진 직원들이 일반 팀원으로 계속 근무하는 개

---

[5] 「다섯 살 어린 상사 비위 맞추느라 '울컥'…」, 『한국경제』, 2021.01.01.

별기여자Individual Contributor가 늘고 있다. 개별기여자란 팀원과 같은 개념으로 사용하는 용어로 '관리 책임 없이 실무에 매진하는 사람'을 말한다. 물론 자신의 분야에서 탁월한 실력이 있고 굳이 팀장이 되고 싶지 않다면 팀장이 되지 않아도 전혀 부끄럽지 않은 조직문화가 선행되어야 한다.

이런 변화는 실리콘밸리 기업에서 확산되어 왔다. 실리콘밸리에서는 팀장이 나이가 더 많아야 할 필요는 없으며, 팀장의 연봉이 반드시 높아야 한다고 생각하지도 않는다. 다만 팀장 역할을 잘하기 위해서는 팀장 역할을 잘해낼 능력과 의지가 있어야 한다고 본다. 팀장은 팀을 대변해서 이야기할 수 있고, 팀원들이 시너지를 내서 팀 목표를 달성하게 돕는 사람이다. 팀장은 조직관리 능력과 리더십에 대한 역량을 스스로 보여주려고 노력하며, 다양한 의견수렴을 통해 팀원들에게 인정을 받은 사람이어야 한다. 그리고 조직은 이런 사람이 팀장으로 성장할 수 있도록 더 다양한 기회를 주려고 노력한다.[6] 앞으로는 팀장이라는 역할이 연공서열 순서대로가 아니라 나이와 관계없이 일하는 분야에 관심이 있고, 꾸준히 탐구하고, 다년간 준비한 사람들에게 주어지는 조직 내 전문가의 한 영역처럼 다루어질 수도 있다.

수평적 조직문화가 확산될수록 팀장과 팀원의 나이가 역전되는 현상은 앞으로 더욱 일상화될 수도 있다. 따라서 팀장이 되고자 하는 사람은 구성원 단계부터 팀장 역할에 대한 체계적인 훈련이 필요하며, 기업은 팀장이 되고자 하는 구성원에게 아낌없는 지원과 역량 향상의 기

---

6 「누구나 팀장이 되고 싶진 않아」, 『ㅍㅍㅆㅆ』, 2021.02.08., https://ppss.kr

회를 만들어주어야 한다.

사람을 다루는 일은 어렵다. 소통, 코칭, 피드백 등을 기반으로 하는 소통 기술이 충분히 훈련되어 있지 못하다면, 조직에서 우수한 리더로 인정한 사람이더라도 조직관리에 어려움을 겪을 수밖에 없다.

수평적 조직문화가 확산되고 있다

저자들은 이 책을 함께 저술하는 과정에서 영어 이름을 쓰기로 결정했다. 처음에는 영어 이름을 부르는 게 어색했지만 의도적으로 조성된 수평문화에 적응한 뒤에는 의견을 적극적으로 개진하는 모습을 보여주었다. 유튜브 채널 〈CreativeTV〉에는 『나는 인정받는 팀장이고 싶다』의 저자 세 명이 수평적 문화에 대한 자신들의 경험을 나누는 장면이 나온다.[7]

A: 영어 이름으로 부르기로 한 다음 날이었어요. 메신저에 'ㅇㅇ님께서는', '오늘 아침도 일찍 일어나셨네요'처럼 극존칭을 쓰게 되더라고요. 기존 수직문화에 익숙한 조직에서는 아무리 해도 잘 안 바뀌거든요.

B: 호칭 파괴를 적용한 회사에 있는 지인도 말씀하셨어요. 같은 책임 직책이어도 분류하는 방법이 있대요. 후배에게는 '김책'이라고 짧게 줄이고, 동기

---

[7] 「나도 인정받는 리더이고 싶다: 수평적 조직문화 열풍, 당신의 조직은?」, 유튜브, 2019.11.19., https://youtu.be/wjOasEFxAuw

나 동료는 '김책~'하고 늘여 부른대요. 선배에게는 '김책임님'이라고 부르고요.

C: 수평적 조직문화의 본질은 극존칭을 쓰더라도 얼마나 편안하게 다가갈 수 있는지, 자기 이야기를 제대로 할 수 있는지에 달려 있을 것 같아요. 기본적으로 공감과 배려가 있어야 수평적 조직문화를 만들 수 있다고 봅니다.

IMF 이후 국내 기업들은 지속 가능한 경영 환경을 구축하기 위한 혁신과 변화에 힘을 기울이기 시작했다. 기업들은 획일화되고 경직된 조직문화가 기업의 성장을 방해하는 요소임을 인식하고 수평적 기업문화로의 변화를 위해 직급 통일과 호칭 파괴를 실시했다. 2000년도에 직급호칭을 '님'으로 통일하면서 호칭 파괴의 첫발을 내딛은 CJ그룹뿐만 아니라, 아모레퍼시픽, 넷마블, 엔씨소프트와 같은 유통 및 게임업체를 비롯해 네이버, 카카오그룹과 같은 IT 기업도 수평적 문화 확산을 위한 인사제도의 변화를 시도했다. 실험적 시도로만 보아왔던 직급 통일과 호칭 변화가 어느 정도 정착되고 있다고 판단되자, SK텔레콤, 삼성전자, LG전자와 같은 대기업들도 직급 단계의 축소와 더불어 호칭을 '님', '매니저', '프로'로 변경하는 등 변화에 동참하기 시작했고 하나금융그룹, 현대자동차, SK이노베이션도 혁신을 시도하고 있다.[8]

이렇게 기업들이 앞다투어 서열화된 직급 구조를 개선하고 실험적 인사제도를 추진하는 이유는 조직 구성원 간의 소통 활성화를 통해 급변하는 시대의 변화와 세대 갈등을 극복하고 성장을 이루겠다는 목적

---

8 「기업 '호칭 파괴' '직급 축소'가 성공하려면…」,『한국경제』, 2020.11.10.

이 있기 때문이다. 그러나 인사제도만 변하고 정작 변화의 취지에 대한 이해 부족으로 인해 구성원들이 수평적 조직문화 확산에 동참하지 못하고 자발적인 변화를 실천하지 못한다면 아무런 소용이 없다. 아울러 과거 계층구조의 조직 체계와 상명하달식 조직문화에 익숙해 있던 리더들이 이러한 변화에 적응하지 못하고, 동료나 부하직원과의 관계에 있어서 수평적 조직문화에 반하는 갈등과 문제를 해소하지 못한다면 직급 파괴나 호칭 변경 같은 인사제도 혁신은 허울에 불과하게 된다. 수평적 문화가 활성화되려면 상호 신뢰와 존중의 문화를 먼저 구축하고, 의사결정 과정부터 구성원의 의견이 반영되어야 하며, 소통 방식도 그에 걸맞게 변화가 이루어져야 한다.

  2021년 11월, 삼성전자는 신인사제도의 도입을 위한 내부 직원설명회를 가졌다. 신인사제도에는 직무순환을 위한 사내 FA 제도를 도입하고, 우수 인력은 해외로 보내 미래 리더로 양성하며, 발탁을 확대하고, 직원 90%를 대상으로 절대평가를 실시하기로 했다는 내용이 담겼다. 또한 보상 제도를 다변화했다. 역량평가를 폐지하는 대신, 수시 피드백으로 성과를 진단하고, 동료 평가를 도입한다는 내용도 포함되었다.[9] 이미 글로벌 기업에서 확산되고 있는 소통 기반의 인사 평가제도의 특징에는 리더의 활발한 피드백과, 구성원 간의 협업을 활성화하기 위한 동료의 피드백 활동 등이 포함되어 있다. 피드백을 장려하는 문화는 수평적 의사소통의 분위기 확보가 중요하다. 리더들은 이러한 조직의 변화에 있어 중심을 유지하고 문화를 선도하며 리더십을 발휘할 필요

---

[9] 「삼성 新 인사제도, 일 잘하면 FA 직무전환·해외로」, 『파이낸셜뉴스』, 2021.11.17.

가 있다.

    기업이 혁신적인 변화를 추진하는 이유는 생존을 위해서다. 따라서 팀장, 임원 등 리더의 소통 방식에도 새로운 변화가 필요하다. 변화에 적응하지 못해 쇠퇴하는 기업들을 우리는 그동안 너무나도 많이 보아왔다. 오늘날의 리더는 과거의 수직적 위계 구조의 조직문화에서 배우고 체득했던 상명하달식 피드백이 아니라, 수평적 조직문화에 맞는 피드백 기술을 배우고 활용해야 한다.

조직의 성과관리 체계가 변화하고 있다

    2018년 잡코리아의 설문조사 결과에 따르면 직장인의 60% 정도가 회사의 인사평가제도가 불합리하다고 응답했다. 2021년 사람인에서 실시한 '승진에 관심이 있는지'를 물어보는 설문조사에서도 절반 정도가 '승진에 관심이 없다'고 응답했다. 대표적인 이유로 '인사평가를 믿지 않아서'라고 응답할 정도로 직장인들에게 전통적인 성과평가는 신뢰를 잃었다.

    국내 기업에서는 상대평가를 통한 서열화, 등급화로 구성원을 S-A-B-C-D 등급으로 나누고 등급 결과에 따라 기본급과 성과급을 결정한다. 전통적인 성과평가는 차등보상을 결정하기 위해서 실시되기 때문에 보통 1년에 한 번 실시한다. 이는 업무에 대해 구체적으로 피드백하고, 이를 통해 구성원의 수용성을 얻기에는 주기가 너무 길다. 그래서 최근 일부 기업에서는 S-A-B-C-D 등급 명칭을 탁월, 보통, 개선이 필요함을 뜻하는 용어로 바꾸고 등급 단계도 축소하고 있다. 최하위인 C와 D에 대한 강제 배분을 없애 구성원들의 불만을 달래기도 한다. 이처럼 전통적 성과관리의 부작용을 해소하고 구성원들의 수용성을 높이기 위한 시도는 계속되고 있지만, 대부분 틀에 갇힌 변화에 머무르고 있다.

21세기 초반 추락을 거듭하던 마이크로소프트의 부진 원인을 스택 랭킹Stack Ranking이라 불리는 상대평가 성과관리 시스템에 있다고 지적한 전문가가 많았다. 『배니티 페어Vanity Fair』에 실린 「마이크로소프트의 잃어버린 10년」이라는 기사에 따르면 상대평가 시스템은 구성원의 협업과 팀워크 구축을 방해하고, 구성원 간의 과도한 긴장과 갈등을 유발해 조직의 생산성과 몰입을 떨어뜨리는 주요 원인으로 지목되었다. 이에 2013년, 마이크로소프트의 인사 담당 부사장 리사 브루멜Lisa Brummel은 직원에게 보낸 메일을 통해 '더 이상 등급제는 없다'고 선언하며 기존의 등급서열화 평가 시스템을 폐지하고 커넥트 미팅Connect Meeting 개념을 제시했다.

마이크로소프트와 함께 등급 서열화 평가방식을 이끌어온 GE 역시 2011년에 상대등급 배분 및 하위 10% 퇴출제를 폐지하고 '피드백 중심의 성과관리 제도'를 운영하겠다고 천명했다. 평가의 목적을 보상이 아니라 '피드백을 통한 육성'으로 전환한 것이다. 이 제도에서는 리더와 실무자 간의 상호 피드백이 원활히 이루어지도록 모바일 시스템을 만들고 채널을 통해 피드백 내용을 공유한다. 축적된 데이터를 통해 절대평가를 하며 승진, 보상과 직접적으로 연계하지 않고 참고자료로만 활용한다. 이처럼 피드백을 통한 성과관리 방식은 문제 해소의 실마리를 보여주고 있다.

애자일Agile 기업(민첩하고 기민한 조직이라는 뜻으로, 부서 간의 경계를 허물고 필요에 맞게 소규모 팀을 구성해 업무를 수행한다)에서는 성과관리 방식으로 OKRObjective and Key Results을 도입하고 있다. 과거의 전통적인 MBOManagement by Objectives 성과관리에서는 톱다운, 계량화된 지표, 1년이라는 긴 주기로 목표를 관리했다. 그러나 관리 위주의 전통적인 성과관리 방식은 구성원과의 커뮤니케이션을 통한 유연한 목표 설정에 한계를 드러냈기에, 최근에는 빠르고 복잡한 경영 환경에서 유연하게 목표와 성과를 관리할 수 있는 OKR이 각광을 받고 있다. OKR은 분기 단위 짧은 주기로, 실패할 가능성이 높은 도전적인 목표 수립을 장려한다. 실제로 구글에서는 성공 여부가 70% 수준인 도전적인 목표 수립을 하도록 하며, 달성 여부가 보상과 평가로 연계되지 않도록 해 실패가 용인되는 문화를 구축했고 조직과 개인의 모든 목표와 핵심결과를 누구든지 열람할 수 있도록 개방했다. 이를 통해 서로의 목표에 대해 서로가 조율하게끔 피드백하고 있으며 언제든 유연하게 목표를 수정할 수 있다.

국내 기업도 전통적인 성과관리 체계의 한계를 극복하고자 노력하고 있다. 모바일 메신저로 잘 알려진 IT 기업인 라인Line도 등급 매기기를 폐지하고 상호 리뷰와 피드백을 중심으로 성과관리를 운영한다.[10] 또한 협업 시 구성원들이 피드백하는 C-리뷰를 도입하는 등 리더와 구성원, 구성원과 구성원 간의 피드백을 중요시하고 있다.

---

10 김주수, 「성과주의 패러다임 변화, 애자일 성과관리」, 『월간 인사관리』, 2017년 3월호.

이러한 변화는 IT 기업에만 국한되지 않는다. 한 자동차 부품기업은 최근 20년간 운영하던 MBO 제도를 폐지했다. 대신 상시성과관리제도를 채택해, 연 단위 업적평가가 아닌 프로젝트 중심으로 수시 피드백과 평가를 하도록 하고 있다. 공정성을 중요하게 생각하는 MZ세대의 특성을 반영해 잦은 면담과 상시 피드백을 통해 평가의 수용성을 높이고 있다. 또한 팀장이 구성원에 대해 육성과 피드백을 잘하고 있는지를 조사해 평가에 반영할 정도로 상시육성과 성과관리 피드백이 중요한 요소가 되고 있다. 동시에 팀장에게는 외부 전문코치와 일대일 코칭을 연계해주고, 코칭과 피드백에 필요한 비결을 수시로 교육해 코칭과 피드백 역량을 향상하기 위해 노력하고 있다.

이처럼 기업들은 구성원 간의 원활한 피드백 환경 조성을 무엇보다 중요한 성공요소로 판단한다는 것을 알 수 있다. 의미 있는 피드백을 통해 구성원의 내적 동기부여와 업무 몰입을 끌어낼 수 있다고 보는 것이다.

성과관리 체계의 변화는 유행이 아니다. 복잡한 경영 환경, 기존 세대와 전혀 다른 경험을 하며 성장한 MZ세대가 주축이 될 미래 조직의 모습이다. 피드백 중심의 성과관리는 일시적인 트렌드가 아니라 지금도 계속 진화 중이다.

CHAPTER
3

의사결정 방식이
달라지고 있다

의사결정의 속도가 변화하고 있다

샤오미XIAOMI는 전 세계적으로 린스타트업Lean Startup의 개념을 가장 잘 실천하고 있는 회사다. 실리콘밸리에서 유행하기 시작한 린스타트업 방식은 문제해결을 위해서 짧은 시간 동안 아이디어와 가설을 수립하고, 고객들과 시장의 피드백을 바탕으로 가설을 검증하고 성과를 도출한다. 일반적으로 '가설(아이디어 검증) – 측정 – 학습 – 피드백 반영 및 수정'이라는 애자일 프로세스를 통해 지속적으로 고객의 반응을 반영해 성공의 확률을 높이는 전략이다.

린스타트업의 경우 인사운영의 모습도 독특한데, 일반적인 회사에서 중요시하는 승진, KPI 성과관리가 없다. 직원들은 고객에게 평가받게 한다. 회사는 사람 중심의 경영에 더욱 집중하여 직원들이 자신의 업무에 집중할 수 있는 환경을 조성해 조직에 대한 신뢰를 쌓게 한다. 애자일 업무방식은 빠르게 변화하는 경영환경에 기민하게 대응하고 고객 중심의 판단을 하며 실행조직에서 빠른 의사결정을 하도록 만들어준다. 샤오미는 소규모 팀 조직을 운영하고, 프로젝트별 자율팀 방식을 운영하고 있다. 또한 경영진 – 팀장 – 팀원의 3개 등급으로 구성된 조직구조를 통해 빠른 의사결정 문화를 만들어가고 있다.[11]

"샤오미 CFO와의 인터뷰를 이메일로 요청했는데 20시간 안에 성사됐다"라며 빠른 의사결정 속도에 감탄하는 한 고객의 멘트는 린스타트업을 바탕으로 성장하고 있는 샤오미의 조직문화와 의사소통의 속도를 짐작할 수 있게 해준다. 고객의 요구사항에 대한 '가설 – 측정 – 학습 – 피드백 반영'의 프로세스를 수없이 반복하고 시행착오 및 검증을 하는 과정에서 구성원의 소통과 피드백 문화가 발달해왔고, 직원들은 이것이 빠른 대응으로 이어지게 되었음을 최종 결과물로 경험하게 된다.

샤오미의 이러한 의사결정 방식과 조직문화는 많은 것을 시사한다. 제대로 된 피드백을 통해 구성원들의 내적 동기부여와 업무 몰입을 끌어내려는 것이 애자일 성과관리의 핵심이다. 변화를 실천하고 문화를 구현하는 것은 사람이다. 수평적 조직문화에 바탕을 둔 즉각적이고 빠른 피드백은 고객 중심의 빠른 의사결정 문화의 핵심 요소다. 이를 위해 리더들은 끊임없이 스스로 학습하고 훈련해야 한다. 리더가 변하면 팀원도 변한다. 팀원이 변하면 팀이 변하고, 결국 조직이 변한다. 작은

---

11 「중국 3대 기업의 HR전략과 시사점 – 하이얼, 알리바바, 샤오미, 상상초월의 3色 '극강HR'」, 『동아비즈니스리뷰』, 2016.05., 201호.

실천이 조직을 바꾸는 단초가 될 수 있음을 인식하고, 즉각적이고 빠른 피드백, 일 중심의 피드백을 통해 조직의 문화를 바꿔야 한다.

의사결정의 맥락이 투명해지고 있다

조직 내 의사결정의 기반이 되는 정보의 공유가 점점 빨라지고 투명해지고 있다. 정보는 특정인의 독점적 소유일 때보다 모두에게 열려 있을 때 더 큰 힘을 발휘한다. 최근 SNS와 익명게시판이 활성화되면서 회사에서도 비밀이 없어지기 시작했다. 팀 내에서도, 구성원 사이에서도 원하는 정보를 누가 얼마나 빠르게 찾아내느냐에 따라 의사결정의 주도권이 바뀌고 있다. 리더는 구성원과의 소통과 쌍방향 피드백을 활성화해 조직 내에서 정보의 흐름을 원활하게 하고, 정보의 사각지대를 최소화함으로써 투명성과 신뢰성을 확보해야 할 필요가 있다. 고객사 입찰을 통해 신사업을 추진하려는 한 회사의 사례를 살펴보자.

팀장의 태도: 새로운 사업을 추진하기 위해 정보를 면밀하게 수집한 후에 입찰 제안을 준비해야 한다. 팀장은 각종 인맥을 동원해 입찰 대상 고객사에 대해 얻은 정보를 팀원들에게 자랑스럽게 전달한다. 알고 보니 그 정보는 이미 팀원들이 파악해 회사 메신저로 공유한 내용이었다. 이러한 상황에서 과연 팀장만이 고급 정보를 얻는다고 말할 수 있을까?

팀원의 태도: 김과장은 새롭게 추진하는 사업에 대한 고객사의 분위기를 알아보고 싶었으나 방법을 찾을 수 없었다. 마침 각 회사에 대한 상세한 이야기와 재직자만이 알 수 있는 내밀한 정보들이 교환되는 블라인드 애플리케이션을 떠올렸다. K사는 특히 정보공유와 입찰 제안 범위가 폐쇄적이다. 톱다운식 업무 수행으로 유명한 회사인 데다 서열과 파벌로 구성된 라인이 중요한 조직이다. 하지만 이런 폐쇄적 조직문화에 대한 정보는 이미 블라인드와 같은 소셜 서비스를 통해서 타사의 직원들도 실시간으로 공유하는 시대가 되었다. 김과장은 다양한 채널을 통해 공식적으로 필요한 정보를 수집하고, 공개되지 않은 부분은 블라인드 앱을 통해 얻었다.

과거에는 팀장만이 독점할 수 있는 비공개 정보가 많았다. 그리고 당시 이런 정보는 권력처럼 기능하기도 했다. 하지만 현재는 스마트폰, SNS, 블라인드와 같은 익명게시판에서 조직의 내밀한 정보가 빠르게 전파되고 있다. 실제로 한 회사의 블라인드 앱에는 특정 임원의 상습적인 폭언이 문제가 되어, 해당 임원이 대기발령 조치를 받기도 했다. 자신의 시무실 내에서 벌어지는 일을 다른 팀에서는 모를 것이라 생각했지만, 세상에 비밀은 더 이상 없었다.

블라인드와 같은 폐쇄형 네트워크는 자사의 비밀 정보뿐만 아니라, 타사의 상황도 상세하게 알 수 있도록 해준다. 또 페이스북과 같은 오픈형 네트워크는 정보를 콘텐츠 형태로 재생한다. 이 순간에도 정보는 구성원들에게 투명하게 공유되고 있다. 따라서 리더는 조직의 의사결정 사항을 구성원들에게 빠르게 소통하고, 투명하게 피드백해야 한다.

또한 리더가 제시하는 정보는 좀 더 깊이 있는 형태로 이루어져야 한다. 투명하게 공유하는 정보를 바탕으로 소통과 피드백이 이루어질 때, 리더는 구성원들로부터 신뢰감을 확보할 수 있게 된다. 민첩하게 정보 공유가 이루어지는 조직의 피드백은 달라야 하며 그것은 분명 지금과는 다른 조금 더 업그레이드된 피드백 기술이 요구된다.

CHAPTER
4

세대구성이 달라지고 있다

세대별로 일하는 방식이 다르다

조직에는 X, Y, Z 세대가 함께 일한다. 딱 잘라 세대를 구분 짓기는 어렵지만 각 세대가 자라온 사회적, 경제적, 문화적 환경에는 분명 차이가 있다. 세대간의 차이를 이해하지 못한다면 간극은 점점 더 벌어지고 갈등은 더욱 깊어질 것이다. 밀레니얼 세대로 불리는 Y세대가 새로운 물결처럼 처음 등장했을 때도 세대 이슈가 각종 매체에서 회자되었다. 하지만 뒷 물결이 앞 물결을 밀어내듯 Z세대가 등장하자 Y세대의 물결은 사그라들었고, 이제는 X세대와 Z세대 사이에 소위, '낀 세대'가 되었다. 오늘날 Y세대는 X세대와 Z세대를 연결하는 교량 역할을 하는 위치에 서게 되었다. 조직이라는 울타리에서 그 어떤 세대보다 위, 아래로 소통이 중요해진 세대다.

Z세대는 1995년생 이후 출생한 이들로 현재 직장생활을 준비하고 있거나, 이미 직장생활을 하고 있다. 조직이라는 사회에 이제 막 들어오기 시작한 Z세대들을 위해 조직에서는 세대 간의 특성에 대한 이해와 그에 맞는 새로운 형태의 피드백 활동이 필요하다.

X세대(1960년대~1970년대 출생)

X세대는 개발도상국 시절의 대한민국에서 태어났다. 지금은 건강을 위해 잡곡밥을 먹지만 당시는 쌀 생산량이 부족해 혼식을 강제하던 때였다. 선생님은 점심시간마다 학생들의 도시락에 잡곡이 섞여 있는지 검사했다. 이들은 국산 제품을 사용하는 것이 애국이라고 여기던 때에 태어나 어린 시절을 보냈다.

X세대의 형제는 세 명 이상으로 당시 정부는 산아제한을 하고 있었다. 1970년대 인구정책의 슬로건은 "딸 아들 구별 말고, 둘만 낳아 잘 기르자"였고, 1980년대에는 "잘 키운 딸 하나, 열 아들 안 부럽다", "둘도 많다. 하나만 낳아 잘 기르자"였다. 그러다 보니 1980년대 이후 태어난 Y세대와 Z세대는 절반 이상이 외동이거나, 형제가 한두 명이다. 반면 X세대는 여러 명의 형제들과 자라면서 자연스럽게 경쟁과 양보를 배웠고, 이는 사회생활을 할 때도 영향을 미쳤다.

X세대는 학교에서 선생님보다 친구들과의 관계에서 훨씬 더 많은 영향을 주고받으며 자랐다. X세대가 학교를 다니던 시기, 한 학급에 학생 수는 60명 가까이 되었다. 반면 Y세대는 30~40명, Z세대는 20여 명이

다. 따라서 선생님이 개개인에게 관심을 기울일 수 있는 절대적인 인원 수에 차이가 난다. X세대는 익명으로 사는 것도 가능했다. 선생님은 아이들을 이름 대신 번호로 불렀다.

Y세대(1981년~1994년 출생)

Y세대는 한국의 저출산 기조 한가운데 태어난 세대로 대부분 형제자매가 한두 명이다. '하나만 낳아 잘 키우면 된다'는 구호 아래 성장한 만큼 이들은 더 많은 관심을 받으며 자랐다. 경제적으로 여유가 생긴 베이비붐 세대 부모들은 자녀의 사교육비에 지원을 아끼지 않았다. 따라서 Y세대는 많은 관심과 지원이 익숙하다.

Y세대는 디지털 시대로의 급격한 변화를 경험했다. 이들이 초등학교(국민학교)를 다니던 시기 컴퓨터가 있는 집보다는 없는 집이 많았다. 천리안, 나우누리와 같은 모뎀 통신 이후 광통신 인터넷이 등장했지만 아직 보급이 원활하지는 않았다. 빠르고 안정적인 인터넷 환경을 누리기 위해서는 PC방에 가야 했다. 기술과 환경은 빠르게 변화했지만 주어지는 정보의 질과 양은 환경과 상황에 따라 명확하게 차이가 있었다. 따라서 Y세대 중에는 디지털 기기에 익숙해서 비대면 피드백을 선호하는 사람이 있는 동시에, X세대처럼 디지털 기기를 불편하고 어렵게 생각해서 대면 피드백을 고집하는 사람도 있다.

Y세대는 문제의 의도를 의심하고 추론한 세대다. X세대는 '무엇을 외워야 하는지'를 정해주면 달달 외울 수 있는 암기력이 높은 학생들이

좋은 점수를 받았다. 하지만 Y세대 시기에는 자기주도학습과 같은 키워드가 등장하기 시작하며 심화 문제가 등장했다. 이해하고 활용할 수 있어야 해결 가능한 문제들이었다. Y세대가 교육과정에서 자주 들은 말은 '출제자의 의도는 무엇인가?'였다. 이처럼 '왜'를 끊임없이 생각해야만 하는 환경에서 성장한 Y세대는 직장과 사회생활에서도 '왜'라는 이유를 찾기 시작했다.

Y세대는 일의 가치와 의미를 중시하는 자기중심적 세대다. 『타임』은 Y세대를 나나나 세대 Me Me Me Generation로 정의했다. 기성세대와 달리 Y세대의 행복의 기준, 성공의 기준은 자신을 중심으로 한다. 일의 이유를 생각하며 중요하게 생각하는 일에는 야근은 물론 주말 출근도 불사할 만큼 헌신적인 모습을 보인다. 일은 물론 생활과 삶, 소비 패턴에서도 제품의 가치와 의미를 부여한 기업의 팬덤을 이루기도 한다.

Z세대(1995년 이후 출생)

Z세대는 가장 다양한 형태의 대학 입시를 통과해 대학에 입학했고, 입사 전에 이미 철저한 준비를 해둔 세대다. 이들이 중고등학교에 들어가기 전인 2004년 10월, 입학사정관제도가 실시되었다. 입학사정관제도는 미국처럼 대입 전형 전문가인 입학사정관 Admission Officer을 육성하고 활용해 대학이나 모집단위별 특성에 따라 자유롭게 학생을 선발하는 제도다. Z세대에게는 더 전략적인 입시 준비가 필요했고, 이를 위해 교사, 부모, 외부 전문가들은 입시를 구체적으로 지원했다. 입학 후에

는 취업하고 싶은 분야를 정해 1학년부터 차근차근 준비했다. 학과 교수들의 도움, 취업 지원 센터, 경력 개발 센터 등에서 세부적인 지원을 받았고, 이를 통해 취업을 준비하고 회사 생활을 시작했다.

Z세대는 전 세대를 통틀어 '자신'이 가장 중요한 세대다. 데이터마케팅코리아의 이진형 대표는 20대 초반의 사람들이 가장 많이 검색하는 단어 중에 '나야 나'가 있다고 했다. Z세대는 자신이 가장 소중하다고 생각하며 다른 사람들에 비해 본인이 부당한 대우를 받거나 차별받는 것을 매우 싫어하는 세대다. 대학 입학이나 취업 비리, 성차별 등에 대해서는 다른 세대보다 높은 거부 반응을 보인다. 보통 외동이거나 한 명 정도의 형제자매와 함께 성장했고, 부모, 교사, 학원 선생님 등의 깊은 관심과 지원을 통해 성장한 Z세대는 누구보다 자신이 중요하다고 생각한다. 이들은 사회 공정성에 대해 더 많은 관심을 보이기 때문에 불공정하다고 생각되는 경우 강하게 이의를 제기한다.

Z세대는 태어날 때부터 디지털을 경험한 세대다. 이들이 태어난 시기는 이미 대부분의 가정에 인터넷이 연결되어 있었으며, 휴대폰도 대중화되어 있었다. 이들에게 디지털 매체는 그저 삶의 한 부분이었다. 초등학생 때부터 휴대폰을 소유했고, 인터넷도 사용할 줄 알았다. 대학에 들어가서는 모든 활동을 컴퓨터 기반으로 했고, 가상현실에서 프로젝트를 수행하는 것도 익숙하다. 이들은 디지털을 넘어선 손바닥에서 모든 것을 이루는 팜Palm 세대로, 손바닥 위에서 다양한 기기를 통해 업무를 처리하는 데 능숙하다. 이들에게 디지털, 가상현실에서의 회의, 피드백은 낯선 풍경이 아니며 때로는 대면보다 더 편하게 느끼기도 한다.

생각해봅시다

Q 내가 생각하는 피드백의 정의는 무엇인가?

_____
_____
_____
_____

Q 나는 지금 어떻게 피드백하고 있는가?

_____
_____
_____
_____

Q 굿 피드백을 위해 나에게 필요한 변화는?

_____
_____
_____
_____

PART 2
굿 피드백은 F.A.C.T.에서 온다

굿 피드백을 만드는 구성요소로는
두려움 없는 조직문화(Fearless),
수용 가능한 피드백(Acceptable),
솔직함(Candid), 그리고 피드백 타이밍(Timely)의
네 가지가 필요하다.

굿 피드백을 위한 F.A.C.T.

지금 피드백을 다시 살펴보는 이유

피드백은 오래전부터 리더십에서 강조되는 개념이자, 더 나은 관리자가 되기 위해 필요한 필수 스킬이었다. 오래전부터 잘 알고 배워왔던 개념임에도 리더들은 아직도 피드백을 가장 어려워한다. 그 이유는 앞서 설명했던 것처럼 시대와 환경이 변하면서 피드백의 정의와 활용 방법도 변화해왔기 때문이다. 환경이 변하고, 조직이 변하고, 사람이 달라졌다. 과거에 우리가 알고 배웠던 피드백이 이제는 또 다른 조건과 방법으로 달리 적용되어야 한다.

Part2에서는 피드백에 관한 내용을 다루기에 앞서서 변화하는 환경과 조건 속에서 리더가 피드백을 잘하기 위해 꼭 알아야 할 그리고 지켜야 할 내용을 탐구했다. 현업에서 피드백을 어려워하는 리더들이 활용할 수 있는 피드백의 요소들을 잘 파악해 제시하고, 이를 리더들이 잘 활용할 수 있다면 굿 피드백에 가까이 다가갈 수 있으리라 생각했다. 그런 고민 속에서 우리는 표준 모델이 될 수 있을 만한 굿 피드백은 어떤 요소들로 구성되어 있을지 고민하기 시작했다.

굿 피드백이란

'굿 피드백이란 무엇일까?' 저자 중 누군가가 좋은 피드백을 위한 환경과 조건, 필수 요소들을 분석해서 함수로 표현할 수 있다면 좋겠다는 아이디어를 냈다. '좋은 피드백'을 Y값으로 놓고 '피드백의 구성요소'를 X값으로 구성한다면, 간단한 수학 방정식처럼 표현할 수 있을 것이란 생각에서 피드백의 구성요소에 무엇이 포함되어야 하는지를 두고 고민하기 시작했다. 저자들은 Y의 최댓값을 도출하기 위해 피드백 함수 'Y=F(x)'의 X값은 얼마가 되어야 하고, 독립변수로 작용하는 X값 요소에는 어떤 것이 있는지 살펴보았다. X값 독립변수를 파악하기 위해 문헌이나 연구결과를 먼저 파악했다.[12]

피드백의 효과성에 영향을 미치는 요소에는 피드백 기간, 내용, 빈도, 장소, 거리, 정보 수준, 구두 전달, 서면 전달, 개인화, 비대면 전달 등이 있다. 효과적인 피드백이 좋은 피드백을 의미하는 것일 수도 있겠으나 피드백을 전달하는 사람, 수용하는 사람, 그리고 피드백 환경의 관

---

12 본 저서, 「부록 2. 피드백의 이론적 배경 및 피드백의 구성요소」, 281-304.

점에서 피드백을 구성하는 요소를 파악하는 것이 피드백의 효과성에 더 중요하다고 판단했다. 또한 실질적 피드백을 연구하기 위해 현장 강사, 임원, 리더 등의 전문가 그룹을 대상으로 별도의 설문을 실시했다. 설문을 통해 알아보고자 했던 내용은 다음과 같았다.

- 좋은 피드백을 만드는 피드백의 구성요소
- 좋은 피드백을 위해 상사(피드백 제공자) 관점에서 중요한 것
- 피드백을 받는 구성원(피드백 수용자) 관점에서 중요한 것
- 좋은 피드백 환경을 구성하기 위해 필요한 것

설문 결과, 좋은 피드백을 구성하는 요소에 대한 여러 의견을 확인할 수 있었다. 동시에 현장 리더들이 쉽게 이해할 수 있도록 단순하면서도 전문가 집단의 응답 내용을 포괄적으로 수렴할 수 있는 피드백의 구성요소를 도출하고자 했다. 그 결과 굿 피드백을 만드는 구성요소로 조직 관점에서는 두려움 없는 조직문화Fearless, 구성원 관점에서는 수용 가능한 피드백Acceptable, 리더 관점에서는 솔직함Candid, 그리고 피드백 타이밍Timely의 4가지 구성요소를 도출했고 이를 'F.A.C.T.'로 정리했다.

사전 진단

F.A.C.T.를 굿 피드백의 구성요소로 다루기에 앞서서, 자신의 현재 F.A.C.T. 역량 수준도 진단해보자. F.A.C.T. 역량을 체크할 때에는 최근 자신의 행동뿐만 아니라 과거 자신이 어떻게 행동했는지를 되돌아보며 점검해야 한다. 판단이 잘 서지 않는다면 자신을 잘 아는 사람이 자신에게 어느 정도 수준이라고 말할지 염두하고 체크하자.

5점	4점	3점	2점	1점
매우 그렇다	그렇다	보통이다	그렇지 않다	전혀 그렇지 않다

구분	나의 행동	점수
Fearless 두려움 없는 조직문화	나는 잘 모르는 점이 있을 때 솔직하게 모른다고 말한다.	
	나는 크고 작은 문제를 수면 위로 드러내 적극적으로 해결책을 찾는다.	
	실수를 솔직하게 털어놓을 수 있는 분위기를 조성한다.	
Acceptable 수용 가능성	부정적인 사항에 대한 피드백보다는 긍정적인 결과에 대해서 피드백하려고 노력한다.	
	구성원을 단정적으로 판단하지 않고 솔직하게 이야기한다.	
	사람과 태도가 아닌 과제 자체만을 가지고 피드백하려 노력한다.	
Candid 솔직함	나는 평소 구성원과의 가벼운 대화를 통해 개인적 관심을 표현한다.	
	나는 구성원의 성장을 위해 불편한 긴장감을 감수한다.	
	나는 구성원에게, 혹은 구성원이 나에게, 또는 구성원 상호 간에 서로의 의견이 다름에 대해 이의를 제기할 수 있도록 허용한다.	
Timely 적시성	나는 구성원에게 피드백해야 할 상황이라고 판단될 때 즉각적으로 피드백한다.	
	나는 구성원의 심리적 상태를 고려해 피드백 타이밍을 조정한다.	
	나는 성취 수준이 낮은 구성원에게 더 자주 피드백을 시행한다.	

48점 이상: F.A.C.T.를 잘하고 있음
47~36점: F.A.C.T.를 다소 실천하고 있음
35~24점: F.A.C.T.를 다소 못하고 있음
23점 이하: F.A.C.T.를 매우 못하고 있음

CHAPTER
2

F(Fearless)
두려움 없는 문화를 만들어라

예측 불가능한 시대

팀장인 나는 팀원들의 다양한 의견을 듣고 싶어 회의를 소집했다. 안건에 대해 각자의 생각을 자유롭게 이야기해보라고 했지만 다들 별말이 없다. 결국 오늘도 내가 먼저 말을 꺼낸다. 팀원들은 그저 고개를 끄덕일 뿐이다. 내 의견이 좋다는 것인지 생각이 없는 것인지 알 수가 없다. 일대일 면담도 마찬가지다. 힘든 일은 없는지, 도와줄 일이 있으면 말하라고 해도 대부분 "별일 없는데요", "괜찮습니다"의 짧은 답변만 듣게 된다. 나는 우리 팀이 서로의 생각과 의견을 자유롭게 나누는 문화를 만들고 싶다.

예측 불가능한 시대다. 코로나19 바이러스가 전 세계를 공포에 떨게 하더니 이젠 변종 바이러스까지 나타났다. 경험한 적 없는 불확실하고 모호한 상황은 개인의 삶에도, 비즈니스에도 불안을 가져온다. 불안과 두려움이 점점 커지면 새로운 시도를 꺼리게 된다. 이런 불안을 리더가 흡수할 수 있어야 성과를 낼 수 있으므로 리더에게 요구되는 자질도 달라지게 되었다.

과거에는 표준화를 통해 가장 효과적인 방식을 강요했지만 이제는 창의적인 아이디어가 필요한 시대다. 묵묵하게 자신의 일을 하는 과정도 필요하겠지만, 서로의 생각과 의견을 자유롭게 표현하며 발전시켜야 한다. 리더는 구성원들에게 자유로운 소통을 할 수 있도록 심리적으로 안전한 분위기를 만들어야 한다. '어떤 의견을 내도 괜찮아', '나쁜 의도를 갖고 행동하지 않는 한 실수가 있더라도 비난받지 않을 거야'라는 믿음이 필요한 시기다. 심리적 안전감은 팀을 강력하게 만드는 토양이 된다.

하버드 경영대학원의 에이미 에드먼슨Amy C. Edmondson 교수의 저서 『두려움 없는 조직』에는 '강력한 팀을 만드는 조건'이라는 주제로 구글이 5년간 진행한 연구결과가 나온다. 그가 제시한 강력한 팀워크의 비결은 심리적 안전감이다. 그뿐만 아니라 조직문화 분야의 대가인 메사추세츠공과대학교의 에드거 샤인Edgar Schein 교수도 심리적 안전감은 구성원이 자기 안위를 보호하는 데 급급하지 않고 팀 공통의 목표를 달성하는 것에 온 힘을 쏟도록 만드는 동력임을 밝혔다. 결국 기업을 둘러싼 환경이 점점 복잡해지고 있어 과거의 방식으로 풀 수 없는 문제는 개인이 아닌 팀이 해결해야 한다. 이때 얼마나 서로 빠르고 정확하게 피드백을 주고받는가에 따라 조직의 운명이 달라진다.

그러나 여전히 긴장과 두려움이 성과의 중요한 동력이라 믿는 리더들이 있다. 이들은 빠르게 성과를 내야 하는 현실에서는 좋은 분위기

[배드 피드백]   [굿 피드백]

보다 강한 압박이 효과를 낸다고 믿는다. 말이 많으면 잡음만 생긴다며 은근히 침묵을 강요하기도 한다. 이런 조직의 사람들은 자리 보전에만 급급해 문제를 제기해야 하는 순간에도 침묵을 지킨다. 문제를 수면 위로 드러내지 않고 입을 다물고 문제가 곪아터질 때까지 피드백을 하지 않는다. 긴장과 두려움을 성과의 동력으로 사용하는 리더는 단기적으로는 성과를 낼지 모르지만 결국 경쟁우위를 잃게 된다.

  심리적으로 안전한 토대에서 상호 피드백이 원활하게 이루어지는 환경에서만 장기적이고 지속가능한 성장을 담보할 수 있다. 팀원들끼리 다양한 의견을 주고받으며 생산적인 결과를 장기적으로 만들어가고 싶다면, 팀원과의 면담에서 발전적이고 솔직한 피드백을 주고받고 싶다면, 심리적 안전감을 조성하며 두려움 없는 조직을 만드는 것이 답이다. 심리적 안전감을 기반으로 두려움 없는 조직문화를 만들려면 리더는 무엇을 해야 할까?

이것만은 실천해보세요

1. 리더의 말이 정답이 아닐 수도 있다는 사실을 인정하자

'리더의 말이 정답이 아닐 수도 있다'는 뜻은 결단을 미루고 우유부단한 태도를 보이라는 것이 아니다. 솔직하고 자신감 있는 리더의 태도는 가식적인 겸손보다 효과적이다. 그러나 자신이 모든 답을 알고 있지 않다는 것을 인정하는 것도 필요하다. 리더의 약점과 실수도 솔직하게 밝혀야 한다. 파산 직전의 제록스를 극적으로 회생시킨 앤 멀케이Anne Mulcahy는 "리더가 모르는 점을 솔직하게 인정하면 직원들은 오히려 자신감을 얻는다"고 강조했다. 같이 하고 싶은 리더가 되기 위해서는 자신의 취약성을 드러내고 팀원들에게 조언을 구해야 한다. 직원들이 편하게 피드백할 수 있는 분위기가 만들어진다면, 구성원들의 마음속에는 심리적 안전감이 자리 잡고 이들은 곧 생산적인 결과를 만들어낼 것이다.

2. 진심을 담은 인정과 공감으로 대화를 시작하자

칭찬이 결과가 좋을 때 하는 반응이라면 인정은 그 사람 자체의 좋은 면을 알아주는 것이다. "요즘 고생 많지요. 힘든 프로젝트 맡아 애쓰고 있는 거 알아요.", "긍정적 에너지를 가진 ○○씨 덕분에 우리 팀이 이전보다 더 밝아진 것 같아요.", "신규 팀원이 잘 적응할 수 있도록 마음 써주는 따뜻함이 인상적이었어요." 등과 같이 상대의 노력, 품성, 가치를 알아주는 진심을 담은 인정은 강력한 유대감을 만든다. 반대로 당황한 상황에서 구성원의 잘못을 즉각적으로 피드백하면 상황이나 관계만 악

화시킬 수 있으며, 별로 도움이 되지 않는 경우가 많다. 구성원이 실수나 실패를 했을 때는 "많이 당황스러웠지요"라고 먼저 공감한 후 "지금부터 어떻게 하면 좋을까요?"로 해결에 초점을 맞춘 대화를 이어가는 것이 좋다.

3. 가벼운 대화(스몰토크)를 많이 나누도록 독려하자

치열하게 일하는 직장인들에게 한가한 잡담이 필요한가 묻는 리더도 있다. 그러나 작고 소소한 이야기를 나누지 못하는 조직일수록 크고 어려운 문제를 다루기 어렵다. 직원들끼리의 가벼운 대화를 통해 업무에 유용한 팁을 얻기도 하고 아이디어를 떠올리기도 하며 서로에게 안전한 공간을 만든다. 국내 배달 애플리케이션 서비스 1위인 '우아한 형제들(배달의 민족)'은 '잡담을 많이 나누는 것이 경쟁력이다'라는 생각을 바탕으로 자신들만의 일하는 방식을 만들었다.[13] 직원 개인의 책상 옆에는 작은 스툴이 하나씩 놓여 있는데 이 때문인지 회사에서는 동료가 지나가다 잠깐씩 앉아 가벼운 이야기를 나누는 것이 자연스럽다. 주변 동료에게 소음으로 느껴지지 않도록 카페처럼 조용한 음악을 틀어놓기도 한다. 배달의 민족은 평상시 직원들끼리의 잡담 덕분에 사용자들의 아이디어나 의견이 바로바로 콘텐츠가 되어 조직이 빠르게 성장하는 촉매제가 되었다. 두려움 없는 조직문화를 만들기 위한 리더의 지속적인 노력이 이어질 때 구성원은 솔직하게 피드백을 주고받는다.

---

13 「송파구에서 일 잘하는 방법」, 우아한형제들 홈페이지.

CHAPTER
3

A(Acceptable)
수용 가능한 피드백을 하자

받아들이지 않는 구성원과 소통하는 방법

김팀장은 '피드백을 자주 하라'는 교육을 듣고 왔다. 그는 올해 팀원들에게 피드백을 많이 하려고 노력했다. 잘하고 있는 것에 대해 칭찬과 인정도 가끔 해주었지만, 개선해야 할 것들을 더 많이 이야기했다. 팀원들을 위하는 마음으로 열심히 피드백을 해왔는데 오히려 그는 팀장 다면평가에서 부정적 의견을 받았다.

피드백하는 사람이 선한 의도를 가지고 있더라도 구성원이 받아들이지 않는다면 소용없다. 질책처럼 들리게끔 전달하면 오히려 부정적 효과만을 가져온다. '당신을 위해 하는 이야기이므로 피드백을 듣고 개선하라'고 한들 역효과만 불러일으킬 수 있다. 리더가 할 수 있는 역할은 구성원의 입장에서 수용 가능한 피드백을 제공하는 것이다. 인간의 뇌가 어떤 피드백을 더 선호하는지에 대해 연구한 다음과 같은 실험이 있다.

2019년 3월, 『하버드 비즈니스 리뷰』의 「피드백에 멍들다」라는 기사에서는 지지적, 교정적 피드백과 학습 효과를 다룬 실험을 소개한다.[14] 실험에서는 학생을 두 그룹으로 나누어 한 그룹에는 지지적 피드백을 했다. 학생들에게 장래희망을 물은 다음 이를 이루기 위해서 무엇을 할지를 이야기했다. 다른 그룹은 구체적으로 숙제를 점검한 다음 잘못하고 있는 것에 대해 이야기하고 무엇을 개선해야 하는지 교정적 피드백을 했다. 교정적 피드백을 받은 학생의 뇌는 이를 위협 신호로 받아들여 도망가거나 방어적인 자세로 싸우려고 하는 투쟁 도피 반응Fight or Flight Response이 발견되었다. 이 반응은 신경학적으로 뇌의 활동량을 줄여 인지적, 지각적 손상을 일으키기도 한다. 반면 지지적 피드백을 받은 학생의 뇌에서는 마음을 편안하게 하고, 인지 및 지각 개방성을 높이는 반응이 나왔다.

교정적 피드백을 할 때 사람들은 보통 객관적 피드백이라는 표현으로 포장하는 경향이 있다. 자신보다 다른 사람이 약점을 더 잘 본다는 것, 다른 사람의 관점이 항상 더 객관적이라는 전제로 피드백을 하게 된다. 특히 조직에서 피드백을 제공하는 팀장이 더 많은 경험을 해보았기 때문에 더 객관적인 관점을 가지고 있다는 생각으로 부정적 피드백을 쉽게 하게 된다.

---

[14] 마커스 버킹엄(Marcus Buckingham), 애슐리 구달(Ashley Goodall), 「피드백에 멍들다」, 『하버드 비즈니스리뷰』, 2019. 3-4호. https://www.hbrkorea.com/article/view/atype/ma/article_no/1322/category_id/8_1

콜로라도 공항에서 찍힌 사진의 진실

2016년 미국 콜로라도공항의 바닥에 어린 아기가 누워 있는 사진이 SNS에 퍼지며 논란이 일었다. 엄마로 보이는 여성은 공항 벤치에 앉아 핸드폰을 무심히 보고 있었기에 이를 본 많은 사람들이 분노했다. 급기야 엄마로 추정되는 이의 페이스북에 사람들이 비난의 메시지를 보내는 사건이 있었다.[15]

하지만 진실은 달랐다. 공항 시스템에 문제가 생겨 20시간가량 발이 묶여 있던 아기 엄마는 공항에서 밤을 보내는 중이었다. 하루 종일 유모차에 있던 아기가 잠시라도 평평한 바닥에 있는 게 더 편할 것 같다고 생각한 엄마는 담요를 깔고 아이를 잠시 눕혔다. 걱정하는 가족들에게 잠깐 문자메시지를 보내는 순간, 누군가 카메라에 그 광경을 담아 SNS에 올린 것이다.

이처럼 타인의 판단이 항상 객관적이라는 생각은 당사자에게 큰 상

---

15 유튜브, https://youtu.be/Yslwf9_BsMY

[배드 피드백]   [굿 피드백]

처를 주기도 한다. 상대방의 입장에서 수용 가능한 피드백을 하는 것은 쉽지 않다. 하지만 피드백을 받는 구성원이 받아들이기 힘든 피드백이라면 의미가 떨어지므로, 피드백의 수용성을 높이기 위해서는 팀장의 피드백 기술 향상이 필요하다.

이것만은 실천해보세요

1. 긍정적 성과에 초점을 맞춰보자

사소한 것이라도 구성원이 좋은 성과를 내는 경우, 더 적극적으로 칭찬하고 관심을 보이자. 잘하는 것을 더욱 잘할 수 있도록 독려하는 것이 좋다. 미국 미식축구팀 댈러스 카우보이스의 코치 톰 랜드리Tom Landry는 선수들의 잘못된 부분을 개선하기보다는 잘한 플레이를 더 잘할 수 있게끔 격려했다. 그는 선수들에게 실수한 부분을 보여주는 것이 아니라 각자가 잘한 경기의 하이라이트를 보여주었다. 잘하는 것을 더 잘하게 만들어야 더 나은 성과를 보일 수 있다고 생각했기 때문이다. 마찬가지로 팀원의 발표가 훌륭했다면 "이번 보고서에 고민한 흔적이 많이 보였습니다. 프레젠테이션도 훌륭했어요. 중요한 보고였는데 덕분에 잘 끝낼 수 있었습니다"라고 즉시 인정해주자. 그는 앞으로 잘하는 것에 더 탁월한 능력을 보이는 팀원이 될 것이다.

2. 단정적으로 판단하지 말자

조직생활에서 구성원의 긍정적인 성과에만 집중하기는 불가능하다. 개선을 필요로 하는 상황의 피드백이 더 많다. 자신의 생각이 객관적인 사실이라고 믿는 팀장은 '그 방법은 틀렸으므로, 이렇게 하세요'라고 하기 쉽다. 이제는 대화 방식을 약간 바꿔 '그 방법이 잘될지는 사실 좀 걱정됩니다. 저라면 이런 방법도 고려할 것 같아요'라고 이야기해보자. 그리고 어떤 반응이 돌아오는지 살펴보자. 단정적으로 판단하는 피드백에서는 구성원이 자신의 의견을 이야기하는 것이 부담스러우므로 대화는 곧 단절된다. 솔직한 생각을 이야기하는 대화에서는 구성원이 자신의 생각을 편하게 이야기할 수 있다. 팀장이 몰랐던 구성원의 상황, 혹은 그동안 시도했지만 잘 알려지지 않은 노력에 대해서 이야기를 하게 될 것이다.

3. 과제와 사람을 분리해서 생각하자

"매출현황보고서가 왜 항상 이 정도 수준인 걸까요? 이래서 승진하겠어요?" 과제와 사람을 분리하지 않을 때 나오는 표현이 '항상, 늘, 매번'이다. 성과가 나오지 않았다고 해서 사람 자체를 저성과자로 보아서는 안 된다. 과제 자체에 집중해 '이번 과제는, 다음 과제는'과 같은 표현을 쓰도록 연습해야 한다. "이번 매출현황보고서는 여러 측면에서 아쉬운 부분이 보이네요. 다음 보고서에는 적어도 다음과 같은 사항이 반영되었으면 좋겠습니다"라고 말해주자. 과제와 사람에 대해서 분리해서 생각하는 것은 역으로 피드백을 받는 사람에게도 중요한 관점이다. 자신이 한 과제에 대한 교정적 피드백은 과제에 대한 피드백이지 개인에 대한 피드백이 아니다. 피드백하는 사람이 비록 잘 구분하지 못하고 이야기를 하더라도 과제와 자신을 분리해서 받아들이는 태도가 필요하다.

4. 교정적 피드백이 필요한 경우도 있다

교정적 피드백은 불편하지만 이를 원하는 구성원도 있다. 과제와 개인을 분리해서 생각하는 태도를 가지고 있고 피드백을 통해서 자신이 발전한다는 성장 마인드셋을 가지고 있는 구성원이다. 이렇게 피드백의 수용성이 높은 구성원에게는 교정적 피드백을 적절히 제공하는 것이 도움이 된다. 다만 이 경우에도 교정적 피드백은 다른 구성원과 분리된 공간에서 지지적 피드백과 함께하는 것이 효과적이다.

CHAPTER
4

C(Candid)
솔직하게 피드백하자

피드백 실력을 향상시키기 위해 할 수 있는 일

박팀장은 3년 전 팀장 리더십 진단에서 '구성원에 대한 피드백 역량' 부분에서 가장 낮은 평가를 받았다. 이에 충격받은 그는 구성원과의 대화 방식에 변화를 주기 위해 오랫동안 노력했다. 이후 솔직한 피드백을 신경 쓴 덕분에 해마다 시행되는 정기 리더십 진단 중 피드백 영역에서 지금은 높은 평가를 유지하고 있다. 완벽하다고 할 수는 없지만 박팀장의 피드백 역량이 강화된 비결은 무엇일까?

박팀장은 이전에는 구성원과 직접 대면하는 피드백이 불편했다. 이를 자꾸 피하다 보니 업무 대화를 자주 하지 못했던 구성원의 경우는 연말이 되어서야 성과에 대한 피드백을 하게 되었다. 따라서 결과에 수

긍하지 못한 팀원들과의 대화가 엉망이 되는 경우가 종종 발생했다. 그러던 도중 그가 솔직한 피드백에 관심을 갖게 된 이유는 상사의 질문 때문이었다.

어느 날, 사무실을 방문한 사업 부문장이 그에게 이렇게 물었다. "여기서는 주로 어떤 이야기를 합니까? 팀원들은 팀장이 제시하는 방향성에 얼마나 공감하고 있나요? 서로 얼마나 솔직하게 대화할 수 있습니까?" 박팀장은 자신이 구성원과 매일 어떤 대화를 하는지 생각해보았다. 대부분 업무 대화와 무심히 지나치는 일상에 대한 대화였다.

결국 팀 목표는 혼자 달성할 수 없으므로 공감대를 만들기 위해서는 많은 이야기가 필요하다는 것을 깨달았다. 그는 팀장으로서 격식을 갖춘 모습으로만 구성원을 대하기보다는 구성원들에게 진솔하게 다가가기 위해 노력했고 이런 과정은 리더와 구성원이 신뢰를 형성하는 데 도움이 되었다. 서로 마음을 열 수 있는 심리적 공간이 넓어지자 박팀장은 비로소 구성원에게 솔직한 피드백을 할 수 있었다.

솔직함이란 꾸미지 않고 정직하게 자신을 타인에게 드러내는 것이다. 솔직함은 자신감과 겸손함에서 비롯된다. 킴 스콧Kim Scott의 『실리콘밸리의 팀장들』에서는 솔직한 피드백의 조건을 개인적 관심과 직접적 대립의 관점에서 설명한다. 개인적인 관심이란 생일과 같은 개인적 기념일을 챙기거나, 날씨 얘기 같은 스몰토크를 나누거나, 경조사에 가는 것만을 의미하지 않는다. 솔직한 피드백은 이를 넘어 좀 더 깊이 서로를 이해하는 데서 발생한다. 일의 본질에 대해 어떻게 생각하는지, 함께 이루어갈 비전을 공유하고 중요하게 생각하는 가치를 나누는 것을 뜻한다. 박팀장은 이 일을 왜 해야 하는지에 대해 구성원들과 자주

[배드 피드백] [굿 피드백]

이야기하며 팀 전체가 모일 때 외에도 점심시간, 티타임, 가벼운 산책 등의 시간에 개별 대화 방식을 활용했다. 이런 실천을 통해 조금씩 팀원들의 마음을 열 수 있었다.

직접적 대립은 리더가 구성원에게, 혹은 구성원이 리더에게, 또 구성원끼리 의견이 다를 경우 이의를 제기할 수 있도록 허용하는 것이다. 이는 불쾌하고 무례한 지적과는 다르다. 목적 중심적 대화를 통해 지금 직면하고 있는 문제에 대한 감정적 소모보다는 더 나은 결과를 함께 창출하는 것에 집중할 수 있게 하는 솔직함을 말한다. 박팀장은 이러한 문화를 만들기 위해 노력했다. 그는 항상 '괜찮아요. 우린 팀이니까 해결할 수 있습니다'라는 사인을 구성원들에게 주기 위해 노력했다.

국내 기업들은 이제 전체 구성원의 과반수 이상이 MZ세대로 전환되고 있다. 이 책의 저자들이 「피드백 관련 직장인 설문조사」를 실시하면서 상사에게 피드백을 받았을 때의 느낌을 조사한 결과 응답자 비율의 61%가 '솔직한 피드백에 대해 고마움'을 느낀다고 답했다.[16] 이러한 추세에 맞춰 국내 대기업 중 한 곳은 미래 리더 역량 중 하나로 솔직한 대화Candid Conversation를 채택했다. MZ세대는 더 자주, 더 자세한 커뮤니케이션 방식을 원한다. 간결하고 핵심적이며 실질적인 내용의 대화를 선호하는 세대의 특성이 반영된 것이다. 따라서 솔직함은 외국과 국내 기업의 구분 없이 경영 환경의 변화와 함께 모두에게 요구되는 소통 방식이다.

이것만은 실천해보세요

1. 팀원의 문제를 외면하지 말자

"왜 진작 말씀하지 않으셨어요?" 팀원의 업무방식에 문제가 있음을 알았으면서도 문제를 지적하면 관계가 틀어질까 봐 외면하거나, 일이 잘되지 않아 속상해도 이야기하지 않고 담아둔 채 시간만 흘려 보내는 경우가 있다. 혹은 문제를 지적하면 나쁜 상사처럼 보일까 봐 거짓 칭찬을 하는 경우도 있다. 팀원에게 정확한 피드백을 빨리 해주면 문제가 개선될 뿐 아니라 성장을 도울 수 있다. 문제를 외면하고 방치한다면 팀원이 훌륭한 인재로 성장하는 기회를 빼앗게 되는 것이다. 실제 현장에서는 되돌릴 수 없는 지경에 이르러서야 업무수행평가에서 가장 낮은 등급을 매기는 경우가 많다. '호미로 막을 것을 가래로 막는다'는 속담

---

16 저자들이 진행한 「피드백 관련 직장인 설문조사」, 조사기간: 2021.10.4.–10.21., 대상: 대한민국 직장인 1,278명.

처럼 지금 당장의 불편함을 감수하더라도 팀원의 성장을 도와야 한다.

2. 솔직함과 불쾌한 공격을 구분하자

중요한 프레젠테이션 직전에 팀장이 입은 양복 재킷의 앞 단추가 덜렁거리는 것을 발견했다면? 혹은 마케팅 실적 자료에서 중요한 데이터가 틀렸거나 해석이 잘못되어 분석에 오류가 있는 것을 발견했다면? 공개적이지 않되 미리 조용히 알려주는 것이 솔직한 피드백에 속한다. 개인적 배려 없이 문제만 알려주는 것은 불쾌한 공격에 속한다. 많은 사람 앞에서 공개적으로 '저 사람은 자기관리가 안 된다. 실력이 없고 부주의하다'라고 이야기하는 것이다. 문제는 금방 해결할 수 있지만, 장기적으로 좋은 관계를 유지하기는 어렵다. 문제를 외면하는 것보다는 어떤 식으로든 해결하는 것이 좋지만, 조금 더 배려한다면 좋은 관계를 유지하면서 상대방의 성장을 도울 수 있다.

3. 모든 순간 '완전한 솔직함'은 불가능하다는 것을 인정하자

솔직한 피드백을 두고 많은 사람이 회의적인 반응을 보인다. '과연 한국에서 완전히 솔직한 피드백을 할 수 있을까요. 외국에서나 가능한 일이지, 솔직하게 이야기했다가는 싸움판으로 변할 걸요?' 매번 완전하게 솔직하기는 어려울 수 있다. 다만 '완전한 솔직함'이 있다는 것을 인지하고, 한 번이라도 더 그런 피드백을 하려고 노력하는 팀장이 되어야 한다. 모든 순간이 아니라 조금이라도 더 많이 좋은 피드백을 하도록 노력하자.

CHAPTER
5

T(Timely)
타이밍을 고민하라

피드백이 어려운 팀장이라면

최팀장은 평소에 과묵하다. 회사에서는 팀원들에게 자주 피드백하라고 하지만 굳이 그럴 필요가 있을까 하는 생각을 하고 있다. 하지만 최근 인사팀에서 조사한 '리더십 다면평가 결과'를 통보받고 최팀장은 생각에 잠기게 되었다. 팀원들은 최팀장에게 더 구체적이고 빠른 피드백을 원하고 있었다. 하지만 팀원들의 생각과 최팀장의 생각에는 상당한 차이가 있다. 직원들의 피드백은 다음과 같았다.

- 팀장님은 상사에게는 잘 보고하지만, 팀원들과는 잘 소통하지 않는다.
- 팀장님은 필요할 때만 피드백하고, 평소에는 팀원들에게 관심이 없는 편이다.

- 피드백이 늦게 온다. 의사결정이 느려서 답답하다.
- 평소에 별로 말도 없다가, 인사평가 시기에 나의 실수를 일일이 열거해 당황스러웠다.

최근의 인사 트렌드는 구성원과의 소통을 강화하고, 상시 피드백을 강조하며 구성원의 성장을 위해 자신의 시간을 기꺼이 투입하는 리더십을 강조한다. 구성원의 성장은 곧 팀과 조직의 성장, 그리고 장기적으로는 리더의 성과와 직결되기 때문이다.

구성원에 대한 리더의 피드백 활동은 성장을 촉진하기 위한 학습의 과정이다. 업무 현장에서 상시로 발생하는 학습 활동은 시기가 고정되어 있지 않다. 상사와 선배의 조언을 통해 배우며, 시행착오를 통해 스스로 학습하고, 더 나은 결과를 위해 고민하는 매일의 과정 속에서 성장하고 능력이 향상된다. 하버드대학교 경영학과 교수인 크리스 아지리스Chris Argyris는 행동과 결과 사이의 피드백 과정을 단일순환학습Single-loop Learning이라는 개념으로 설명했다.[17] 단일순환학습은 넓은 범위의 피드백 학습 과정으로, 일상적이고 즉각적인 피드백이 학습과 성장에 필수적이라고 제시했다. 그렇다면 구성원의 성장을 위한 리더의 피드백 타이밍은 언제가 제일 좋을까?

---

17 Chris Argyris & Donald A. Schön, 1978, *Organizational Learning: A theory of action perspective*, Addison-Wesley Publishing Company.

즉각적이고 지속적인 피드백이 효과적이다

구성원의 성장을 위해서는 바람직한 행동을 장려하고, 바람직하지 못한 행동을 개선해야 한다. 다양한 분야에서 학자들은 강화이론 Reinforcement Theory을 통해 피드백의 효과성을 입증했다. 정적Positive 강화는 바람직한 행동을 보일 때 즉각적인 보상이나 좋은 자극을 제공함으로써 동일한 행동을 강화한다. 피드백 상황에서는 이것을 지지적 Supportive 피드백이라고 하며 긍정적 피드백이라고 부르기도 한다.

부적Negative 강화는 바람직하지 않은 행동을 보일 때, 즉각적으로 보상을 제거함으로써 바람직하지 않은 행동을 감소시키거나 제거하는 방법이다. 피드백 상황에서는 이것을 교정적Corrective 피드백이라고 한다. 강화이론에서는 정적 강화와 부적 강화를 단발성으로 적용하기보다 지속적으로 적용할 때 그 효과가 더욱 커진다고 설명한다.

동기부여이론은 즉각적이고 지속적인 강화를 수행할 때, 피드백의 효과성을 높일 수 있다는 것을 제시한다. 효과적인 행동 개선이 가능하기 위해서는 지지적 피드백이나 교정적 피드백 상황에서 모두 즉각적 피드백과 지속적인 피드백을 상시로 수행하는 것이 좋다고 예상할 수 있다. 이러한 피드백의 원리는 지금도 스포츠나 학습 과정, 업무 현장에서 성과와 능력 향상을 위해 적절히 활용되고 있다.

지연적 피드백이 효과적인 경우도 있다

피드백을 제공하는 시점에 따라 구분해본다면, 즉각적Immediate 피드백에 대비되는 개념으로 지연적Delayed 피드백이 있다. 즉각적 피드백과 달리, 지연적 피드백은 사건이나 과제가 종료된 이후 일정한 시간이 지난 후 제공되는 피드백을 의미한다. 피드백은 즉각적인 것이 효과적이라고 알려져 있지만, 가끔은 일부 한정된 조건에서 지연된 피드백을 활용할 때 더욱 효과적인 결과가 나타나기도 한다. 다음 두 가지 연구를 살펴보자.

프린스턴대학교의 이갈 아탈리Yigal Attali는 2,445명을 대상으로 수학 모의시험을 진행했다. 피드백 타이밍의 효과를 비교하기 위해 첫 번째 시험은 각 문항을 완료했을 때마다 정답을 제공하는 즉각적 피드백 방식으로 진행했고, 두 번째 시험은 모의고사를 모두 완료한 이후에 정답을 제공하거나 제공하지 않는 방식으로 지연된 피드백 테스트를 수행했다.[18] 연구 결과, 초기 지식이 없는 사람은 즉각적 피드백이 더 효과적이었고, 초기 지식이 있는 경우에는 지연된 피드백이 더 효과적이었다.

교정적 피드백의 경우 상대방의 상태를 고려해 피드백을 지연해야 할 경우가 있다. 애리조나주립대학교의 레이먼드 쿨하비Raymond W. Kulhavy와 리처드 앤더슨Richard C. Anderson의 연구에서는 교정적 피드백이 필요한 대상자에게 지연된 피드백을 제공하는 것이 효과적임을 발견

---

18 Attali, Y. & van der Kleij, F. (2017). Effects of feedback elaboration and feedback timing during computer-based practice in mathematics problem solving. Computers & Education, 110, 154-169.

[배드 피드백]

[굿 피드백]

했다. 시간이 흐르면서 기존에 수행했던 잘못된 행동에 대한 기억이 옅어지기 때문에 대상자가 새로운 정보나 지식을 습득하기에 보다 효과적이라는 결과를 발표했다.[19] 따라서 리더의 피드백 활동은 대상자의 특성과 심리적, 지적 상태를 고려해야 한다.

이것만은 실천해보세요

1. 가볍게! 즉시 피드백하자

의외로 부하직원들은 리더의 피드백을 기다리는 경우가 많다. 급할

---

[19] Kulhavy, R. W. & Anderson, R. C. (1972). Delay-retention effect with multiple-choice tests. *Journal of Educational Psychology*, 63(5), 505.

때는 형식이 크게 중요하지 않을 수도 있다. 지나가던 길이나 엘리베이터에서 만났을 때 잊지 않고 팀원에게 수고했다고 말하는 것, 조금 더 노력해보자는 한마디, 짧아도 따뜻한 격려가 도움이 된다. 때로는 부정적인 내용의 피드백이라도 관계없다. 가볍고 건조하더라도 잊지 않고 건네주는 작은 피드백이 구성원에게는 큰 힘이 된다. 피드백이 없거나, 이유 없이 지연되는 경우에는 무관심하다고 인식될 수 있다. 무관심이 쌓이면 구성원의 동기는 떨어진다. 「피드백 관련 직장인 설문조사」를 실시한 결과에 따르면 특히 Z세대는 피드백 빈도, 적시성에 대해 진지하게 인식하고 있다.[20] 피드백의 내용이 긍정적이든, 부정적이든 피드백 그 자체는 부하직원에게 자신의 존재를 인식하게 되는 계기가 되므로 가볍더라도 즉시 피드백을 하도록 노력하자. "오늘 발표는 사례가 풍부해서 매우 좋았어" 정도면 충분하다.

2. 심리적, 지적 상태에 따라 유연하게 전달하자

부하직원의 행동을 개선하기 위해서 일반적으로는 즉각적인 피드백이 좋다. 그러나 상대의 감정이 불안정하거나 피드백을 받아들일 만한 심리적 상태가 아니라고 판단될 때는 유연하게 피드백을 연기하는 것이 더 현명하다. 피드백을 진행하기 위해서 객관적 자료 수집이 더 필요한 경우도 있다. 주로 교정적 피드백을 하는 경우가 이에 해당한다. 상대방을 설득하기 위한 준비가 부족하다고 느껴지면 피드백을 수행

---

[20] 저자들이 진행한 「피드백 관련 직장인 설문조사」, 조사기간: 2021.10.4.-10.21., 대상: 대한민국 직장인 1,278명.

하기 충분하다고 판단될 만큼 정보가 수집될 때까지 피드백 시점을 연기하자. 지연 시기의 범위는 길어도 하루에서 사흘 이내가 좋으며 반드시 대상자에게 다음 약속 시간에 대한 허락을 구하자. "지금은 좀 지쳐 보이네요. 우리 내일 다시 이야기해요." 정도면 충분하다.

3. 상시 피드백을 통해 피드백 문화를 개선하자

상시 피드백을 시작하는 단계에서는 꼰대 상사의 잔소리로 오해받을 말과 행동은 경계해야 한다. 생활 속에서의 피드백은 칭찬과 격려, 성과에 대한 축하로 시작하는 것이 좋다. 피드백의 목적은 직원들의 성장과 바람직한 행동을 지속하게 하기 위한 동기를 유발할 수 있는 대화로 진행해보자. 리더와 직원들 간에 피드백 교환이 어느 정도 익숙해진다면 칭찬과 격려의 대화를 하면서도 교정적 피드백을 함께 주고받을 수 있다. 이 단계에서는 용기를 내어 부하직원들에게 자신에 대한 피드백도 요청해보자. "요즘 프로젝트를 마무리하고 있는데, 진행이 잘 안되어 저도 조금 힘드네요. 프로젝트 마무리를 위해 무엇이 필요한지 알려주시면 적용해볼게요." 처음에는 어렵겠지만 지속적으로 청취하는 모습을 보여주는 것이 중요하다. 직원에게 들은 피드백은 하루 또는 그 주가 지나기 전에 실천하는 모습을 보여주자. 쌍방향 피드백의 효과는 놀라울 정도로 신뢰의 속도를 높여줄 것이다.

생각해봅시다

지금 잠깐 자신에게 필요한 변화를 생각해보자. 그리고 굿 피드백을 위해 지금 당장 실천해보자.

Stop 해야 한다고 생각했지만, 실천하지 않은 것은 무엇인가?

_____
_____
_____

Think 실천을 미루고 있는 이유는 무엇인가?

_____
_____
_____

Action 지금 당장 할 수 있는 것은 무엇인가? 언제부터 어떻게 시작할 것인가?

_____
_____
_____

Result 실천해본 소감은? (1개월 후 작성해 봅시다)

_____
_____
_____

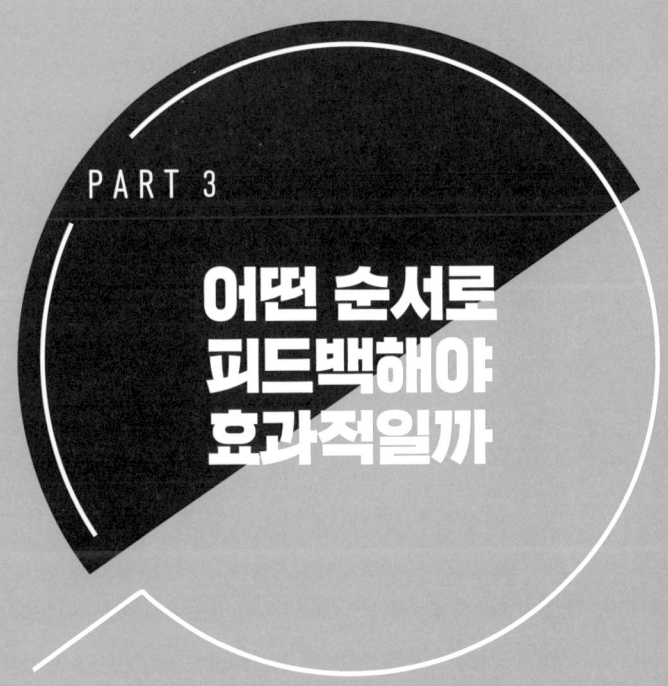

PART 3
어떤 순서로 피드백해야 효과적일까

피드백을 하는 목적은 과거를 돌아보는 데만 있지 않고,

구성원의 행동 변화를 통해 미래를 변화시키는 데 있다.

따라서 피드백은 과거와 현재를 넘어

미래를 제시할 수 있는 지혜를 담아야 한다.

CHAPTER 1

지혜를 제시하는 피드백 프로세스

메시지를 구분하라

우리는 다양한 상황에서 피드백을 주고받으며 살아간다. 그러나 막상 피드백을 해야 하는 상황이 오면 '무엇부터 시작해야 하지?' 하며 막막해 한다. 이러한 막연함으로 인해 실제 상황에서 피드백은 주로 설교나 지적, 잔소리로 나타난다. 피드백이 '정보의 전달'에 그치는 경우가 많기 때문이다. 이를 개선하기 위해 메시지를 구분해서 살펴볼 필요가 있다. 정보공학에서는 메시지와 정보를 하나로 정의하지 않고 데이터Data, 정보Information, 지식Knowledge, 지혜Wisdom의 4가지 형태로 구분한다.

데이터는 의미가 부여되지 않은 객관적인 사실, 상관관계가 없는 단순한 상태를 의미한다. 다음 단계인 정보는 가공된 데이터를 뜻한다. 지식은 데이터와 정보를 구조화해 유의미하게 분류하고 개인의 경험

이 결합해 내재화한 것을 의미한다. 마지막 단계인 지혜는 지식의 축적과 아이디어가 결합된 상태다. 데이터와 정보가 과거를 회상하는 쪽이라면, 지식과 지혜는 앞으로 달성해야 하는 방향을 제시하는 미래 지향적인 개념이다.

4가지 형태에 맞춰서 자신의 피드백은 어떤 메시지를 담고 있는지 생각해보자. 피드백을 하는 목적은 과거를 돌아보는 데만 있지 않다. 피드백을 통해 구성원의 행동 변화, 즉 미래를 변화시키는 것이 진짜 목적이다. 따라서 피드백은 과거와 현재를 넘어 미래를 제시할 수 있는 지혜를 담아야 한다. 과거와 현재, 미래를 모두 담는 피드백, 정보를 넘어 지혜를 전달하는 피드백으로 나아가는 과정은 왼쪽 그림과 같다.

> 사전 자가진단

피드백 프로세스를 진행하기 전에 자신의 현재 운영 수준을 진단해보자. 피드백 프로세스 역량을 체크할 때에는 최근 자신의 행동뿐만 아니라 과거 자신이 어떻게 행동했는지를 되돌아보며 점검해야 한다. 판단이 잘 서지 않는다면 자신을 잘 아는 사람이 자신에게 어느 정도 수준이라고 말할지 염두하고 체크하자.

5점	4점	3점	2점	1점
매우 그렇다	그렇다	보통이다	그렇지 않다	전혀 그렇지 않다

구분	나의 행동	점수
준비	나는 피드백의 목적에 부합한 피드백 시나리오를 설계한다.	
	나는 피드백 목적 및 시나리오에 부합해 객관적 근거들을 명확히 준비한다.	
	나는 효과적인 피드백을 위해 심리적, 물리적 그리고 환경적 상황들을 사전에 체크한다.	
시작	나는 상대의 관심사를 중심으로 스몰토크를 하면서 피드백을 시작한다.	
	나는 본격적인 피드백 전에, 전체 피드백의 목적, 소요 시간, 진행 순서, 중점 사항 등의 개요를 3분 이내로 설명한다.	
	나는 상대방의 사전 피드백 준비도를 확인, 준비가 잘 안 되어 있을 경우 피드백을 연기한다.	

진행	나는 사실을 바탕으로 한 핵심 메시지 중심으로 피드백한다.	
	나는 목표 차이(Gap)가 작은 것부터 먼저 피드백하고, 이후 목표 차이가 큰 것을 피드백한다.	
	나는 구성원의 해결방안에 관련한 의견을 경청하고 향후 지원에 주력하며 상호 해결방안을 합의한다.	
정리	나는 피드백한 내용을 진행한 순서대로 다시 정리해서 말해준다.	
	나는 향후 지원해야 할 사항에 대해 구성원에게 세부적으로 질문한다.	
	나는 다음 피드백에 대한 계획을 구성원과 공유한다.	
지속	나는 피드백 후 구성원의 수행 수준 또는 변화를 지속적으로 관찰한다.	
	나는 관찰한 내용을 기반으로 필요하다면 추후 피드백의 메시지를 수정 및 보완한다.	
	나는 피드백 적용 후 리뷰를 통해 더 나은 피드백을 할 수 있는 기회를 만든다.	

60점 이상: 피드백 프로세스를 잘 실천하고 있음
59~45점: 피드백 프로세스를 다소 실천하고 있음
44~30점: 피드백 프로세스를 다소 실천하지 못하고 있음
29점 이하: 피드백 프로세스를 거의 실천하지 못하고 있음

준비:
피드백 디자인

피드백 프로세스 과정

환경, 상황, 성향에 따라 피드백은 달라야 한다. 상황에 따라 한 방향의 피드백이 이루어질 수도 있고, 쌍방향으로 피드백이 이루어질 수도 있다. 수시로 피드백이 이루어져야 하는 상황이 있고 오랜 시간 준비한 후에 피드백을 진행해야 하는 경우도 있다. 또 피드백을 하는 사람의 성향에 따라서도 피드백은 달라져야 한다. 그럼에도 피드백을 시행할 때 공통적으로 고려되어야 하는 부분이 있는데, 그것은 바로 전체적인 피드백 프로세스를 디자인하는 준비 과정이다.

1단계: 상대에 맞춘 시나리오를 설계하라

준비 없이 피드백을 하면 자칫 감정적으로 불편해질 수도 있다. 예를 들어, 영업 조직의 월말 성과 피드백은 저조한 성과를 낸 팀원에게 압박을 가하는 형태로 나타난다. 특히 그 성과가 팀 전체의 성과급과 직결되어 있다면 모두가 예민해 한다. 팀장이 하는 말 한마디 한마디에 팀원은 불안해 하고 때로는 부정적인 언어 사용으로 인해 불필요한 에너지를 소모하게 된다. 결국 얻는 것보다 잃는 것이 많다. 어떻게 해야 긍정적인 결과를 얻는 피드백을 할 수 있을까?

이를 위해서는 피드백 후 결과를 예상해보는 것이 필요하다. 피드백을 하는 동안 원하지 않았던 방향으로 흘러가는 경우가 있는데, 다시 되돌리려고 해도 이미 진행된 말과 행동은 수정하기 어렵다. 이 때문에 팀장과 팀원의 신뢰 관계가 훼손되기도 한다. 따라서 피드백을 받고 나서 팀원은 어떻게 반응할 것인가? 그 반응에 따라 나는 어떤 피드백을 이어갈 것인가? 등 피드백 상황을 예측해 시나리오를 설계하는 것이 필요하다.

먼저 어떤 메시지를 전하고 싶은지가 명확해야 한다. 목적이 분명해야 그에 맞는 말과 행동이 나오기 때문이다. 구성원은 제각기 다르므로 맞춤형 피드백 설계를 해야 하며 그 방법은 다음과 같다.

1. 시나리오의 하이라이트 영상 만들기

피드백을 1시간 동안 진행한다면 이를 3분으로 요약해 상상해보자. 이는 피드백의 목적을 잃지 않고 원하는 방향으로 결론에 도달할 수 있도록 방향성을 잡아준다.

2. 등장인물의 상황에 대해 생각하기

　피드백을 받는 구성원의 커뮤니케이션 방식과 수용성에는 차이가 있다. 같은 말이라도 A팀원은 긍정적으로 받아들이고, B팀원은 거부한다. 방어하는 C팀원도 있다. 각자의 다양한 상황에 맞춰 대응하는 것은 쉽지 않다. 피드백하는 사람은 준비 과정에서 주연을 상대로 두고 그가 하는 말과 행동방식에 따라 조연으로서 어떻게 대응할지 다양한 상황을 예상할 필요가 있다. 예를 들어, 한 팀원이 피드백을 받아들이는 수용성이 낮다면 방어적인 자세로 대화를 차단할 수 있다. 다음 대화를 살펴보자.

김팀장 이번 교육과정의 이수율이 낮던데, 이를 높일 수 있는 방법이 없을까요?

이팀원 실적집계 방식이 수료 인원으로 설정된 것 자체가 문제라고 생각합니다. 수강 인원으로 집계 방식을 설정했다면 좋았을 것 같아요.

김팀장 그렇지만 수강 인원 자체만을 실적으로 하면, 신청만 하고 교육을 이수하지 않을 수 있지 않을까요. 교육 신청을 했다고 실적 인정을 해주는 것은 합리적이지 않은 것 같아 보이네요.

이팀원 성과를 높이려면 수강 인원으로 실적 인정을 받는 게 저희 쪽에 유리하긴 합니다.

김팀장 그보다 이수율을 높일 수 있는 근본적인 해결법은 없을까요?

이수를 독려하기 위해 교육생들에게 문자를 보내는 등의 다양한 방법을 모색해주시면 좋겠습니다.

앞의 대화에서 팀원은 문제를 해결하려 하기 보다는 수동적인 자세로 자기방어적 변명만 하고 있다. 이런 경우 팀장은 그의 성향을 간파하고, 방어를 해제할 수 있는 대안을 제시함으로써 원하는 방향으로 피드백을 이끌어가야 한다.

2단계: 근거 자료를 준비하라

팀원에게 올바른 피드백을 하기 위해서는 근거가 필요하다. 성과평가라면 실적에 대한 기초 데이터가 필요하다. 그 외 환경에 대한 정성적인 부분도 준비가 필요하다. 보고서 내용이나 주고받은 이메일, 공지사항 등을 포함해 피드백을 위한 근거 자료를 시간의 흐름을 고려해 정리해두는 것이 좋다. 사전 자료준비 없이 피드백을 진행하다 보면, 시나리오대로 진행하더라도 상황에 따라 변수가 생길 수 있다. 서로의 주장이 다를 때 근거도 없이 설득하는 것에는 한계가 있기 때문이다. 따라서 피드백 목적에 부합하는 세부적인 근거를 준비하는 것이 필요하다. 자료 준비는 다음과 같다.

1. 주의 깊게 관찰하기

팀원에 대한 관심은 리더에게 필수다. 피드백 상황이라면 더욱 주의 깊은 관찰이 필요하다. 구성원의 성향을 분석하고 각자가 처한 현재 상황과 배경에 대해 주의 깊게 관찰을 해야 한다. 대화법은 어떤지, 문제를 해결하는 방식은 어떤지, 업무를 처리할 때 어떤 방법으로 하는지, 주로 사용하는 커뮤니케이션 매체나 기술 수준은 어떤지 사전에 파악하고 있어야 구성원에게 맞춘 피드백을 할 수 있다.

2. 정보를 객관적으로 바라보기

이렇게 얻은 정보를 편견 없이 바라보는 시각을 가져야 한다. 잘하고 못하고는 팀장이 생각하는 기준에 의거한 판단이므로 피드백을 받는 팀원의 입장과 시각은 다를 수 있다.

3단계: 충분한 시간 확보 및 환경을 조성하라

성과관리와 피드백 분야의 전문가인 마뉴엘 런던 Manuel London 교수는 리더가 팀원에게 먼저 다가가 피드백을 전달하는 모습을 통해 피드백 문화가 조성될 수 있다고 말한다. 그러나 이때 피드백이 지적으로 변하면 이를 받아들이는 팀원도, 상황을 바라보는 동료들도 피로해진다. 지적하는 상황이 반복되면 피드백에 대한 부정적 시각과 문화만 형성될 뿐이다. 무게감이 있으면서도 유쾌한 피드백은 어떻게 할 수 있을까. 먼저 리더가 피드백을 위한 충분한 시간과 환경을 마련하는 것이 필요하다.

1. 피드백에 앞서 충분한 시간을 확보하자

사람마다 걸음걸이와 속도가 다르다. 대화 중 서로에게 영향을 미치는 수준과 속도도 다른데, 성격이 급하거나 빠른 팀장의 경우 설정된 목표를 향해 빠르게 결론을 짓고 여기에 맞춰 팀원을 끌고가는 경우가 많다. 이는 팀원에게 '답정너(답은 정해져 있으니 너는 대답만 해)'처럼 느껴질 수 있다. 이러한 상황을 피하려면 피드백에 앞서 사전에 피드백을 예고하는 시간이 필요하다.

2. 피드백에 적합한 장소와 환경을 조성하자

피드백은 어떤 장소와 환경에서 하면 좋을지도 생각해보자. 꼭 독립된 공간에서 해야 하는 것은 아니다. 격식을 갖춰 해야 하는 피드백이라면 독립된 공간이 필요하지만, 가벼운 피드백이라면 모두가 보고 있는 개방된 공간도 괜찮다. 이런 편안한 분위기를 형성하려면 평소에 사소한 피드백이라도 자주 해서 피드백 상황을 일상의 환경으로 만드는 것이 필요하다.

시작:
피드백의 마중물

실질적인 피드백을 시작하기에 앞서

근거 자료를 확보했고, 피드백을 설계했고, 환경 조성도 마쳤다. 이제 팀원과 만나 실제 피드백을 해야 한다. 피드백의 시작은 본격적으로 피드백이 진행되기 전 상대방을 만나서 바로 해야 할 일들이다. 먼저 적절한 체크인 시간을 통해 상대방과 부드러운 분위기를 조성하고, 다음으로 전체 피드백에 대해 안내하며, 상대방의 준비상태를 체크하는 순서로 진행된다.

1단계: 본론에 앞서 진행하는 체크인

피드백을 시작하자마자 바로 본론으로 들어가는 팀장들이 많다. 시간이 없어 빠르게 진행하고자 그럴 수도 있고, 초반의 어색한 분위기가 싫어서일 수도 있다. 하지만 팀원 입장에서 보면 이는 오히려 긴장감을 커지게 만든다. 이미 팀장과의 일대일 만남은 긴장되고, 부담스러울 수밖에 없다. 평소 대화를 많이 나누는 관계라면 피드백을 바로 진행해도 되지만, 가능하면 약간의 시간을 할애해서 분위기를 전환하는 아이스브레이킹Ice-breaking 대화를 시도해보자.

일반적인 방법으로는 스몰토크가 있다. 날씨, 취미 활동, 건강, 관심사 등을 물으며 가볍게 시작한다. 다만 스몰토크가 너무 길어지면 피드백의 본질을 흐릴 수 있으므로 보통은 2~3분, 최대 5분을 넘기지 않는다. 이 경우 팀장이 자신의 취미를 강조하거나 "라떼는 말이야"를 하면 곤란하다. 간혹 아이스브레이킹을 한다고 하면서 본인 관심사 중심으로 말하는 팀장이 있다. 이는 아이스브레이킹 시간이 아니라 오히려 분위기를 딱딱하게 만들 가능성이 높다. 중심은 내가 아닌 상대다. 이를 위해 평소 상대방에 대해 관심을 가지고 있어야 한다. 상대방이 자랑하고 싶어하거나, 관심을 보이는 주제를 제시하면 대화를 좀 더 부드럽게 시작할 수 있다.

김팀장 요즘 운동을 열심히 하고 있던데요.
이대리 예. 두 달 정도 꾸준히 했는데, 5킬로그램 정도 감량에 성공했습니다.

김팀장 요즘 활력이 느껴지더니 운동 덕인가 봐요.

이대리 몸이 안 좋아진 것 같아서 시작했는데, 몸도 가볍고 건강해진 것 같아요.

2단계: 전체 피드백에 대한 프롤로그를 보여줘라

전체적인 피드백 전개를 상대방이 예상할 수 있도록 해주자. 스몰토크 다음 본론으로 들어가기보다는 피드백 전체에 대해 안내를 하는 것이 필요하다. 팀장의 머릿속에는 피드백 진행 순서가 있지만, 상대방은 모르기 때문에 예상치 못한 행동이 나오거나, 우호적인 분위기로 피드백을 시작하는 게 어려울 수 있다. 예를 들어, 후반에 상대방이 자유롭게 건의 사항이나 애로사항을 말할 시간을 줄 계획이라면 사전에 이를 안내한다. 그렇지 않으면 피드백을 시작함과 동시에 팀원이 불만 사항을 말할 수도 있다. 프롤로그는 순서, 소요 시간, 핵심 목표, 후속 진행 사항을 안내하면 된다. 3분 이내로 팀장이 프롤로그를 말하고, 이후 대상자와 진행 순서를 합의하면 된다. 합의가 끝나면 진행 개요를 요약해서 설명한 뒤 피드백을 시작한다.

김팀장 [진행 개요 안내] 시작에 앞서 진행 순서를 협의하고자 합니다. 우선 성과 목표에 대해 제가 궁금한 것을 확인하겠습니다. 그리고 제가 먼저 검토 의견과 기대사항을 이야기할게요. 이후 목표를 달성하는 데 있어서 어려운 점이나 지원 사항을 말씀해주세요. 이후에는 한 달에 한 번, 실적 점검이 있을 예정입니다. 오늘 면담은 40분 정도 소요될 예정인데, 이후 20분 정도 추가 논의가 가능합니다. 오늘 진행에 대해 의견 있으면 말씀 주세요.

이대리 예. 저는 먼저 최근 저의 상황을 먼저 말씀드리고 싶습니다. 저의 육아, 승진, 부서 이동 등의 이슈 등에 대해 먼저 말씀드리고 성과 목표 면담을 진행했으면 합니다. 그리고 다음 회의가 잡혀 있어, 50분 안에 마무리하면 좋겠습니다.

김팀장 [수정사항 상호 협의] 예. 현재 이슈 사항을 먼저 이야기하시죠. 그리고 빠르게 진행해서 40분 내에 마치도록 하겠습니다.

3단계: 구성원의 준비 상태를 체크하라

피드백에는 여러 가지 종류가 있다. 수시로 짧게 하는 보고서 피드백이나 업무 진도 체크가 있고, 성과 목표 면담이나 프로젝트 방향성 설정 등 오랜 시간이 소요되는 것도 있다. 피드백의 종류와 상관없이 구성원의 준비도는 피드백에서 매우 중요한 요소다. 시작 단계에서 반드시 각 구성원이 이번 피드백에 대해 준비가 되어 있는지 체크해야 한다.

피드백 프롤로그 설명 이후, 구성원의 준비도를 체크하는 질문을 해보자. 예를 들어, 보고서에 관련한 피드백인 경우라면 보고서가 완성되었는지 질문을 통해 상대의 준비도를 체크해야 한다. 성과 목표 면담의 경우라면 성과 목표는 출력했는지 여부와 지금까지 본인의 실적 등을 문서로 정리했는지를 체크하고 시작해야 한다. 물론 팀장은 사전에 이메일, 문서 및 구두 지시를 통해 무엇을 정리해서 참석해야 하는지 명확히 안내해야 한다. 만약 대상자가 준비가 안 된 경우는 과감하게 피드백을 멈추고, 추후 일정을 다시 잡는 것이 바람직하다. 준비가 부족한 상태에서 피드백을 진행하다 보면 비난이나 태도에 대한 지적 중심으로 흘러갈 위험성이 있다. 준비되지 않은 구성원과 피드백을 진행하며, 서로 감정을 다치기보다는 본연의 목적을 다시 설명하고 다음 기한을 정해 상대가 준비를 해올 수 있도록 하는 것이 오히려 더 효과적이다.

(준비가 잘된 경우)

김팀장 [준비사항 사전 체크] 성과 면담에 대한 자료는 준비됐나요?

이대리 팀장님께서 주신 이메일을 보고 지난 9개월간의 성과 실적은 성과 목표 옆에 정리했습니다.

김팀장 [구체적으로 체크] 잘 정리하셨습니다. 이메일에서 요청한 8월 시작 프로젝트의 중간 상황에 대해서도 정리해오셨죠?

이대리 예. 따로 정리해왔습니다.

김팀장 철저히 준비해주셔서 감사합니다. 그럼 진행하겠습니다.

(준비가 미흡한 경우)

김팀장 [준비사항 사전 체크] 성과면담에 대한 자료는 준비됐을까요?

이대리 제가 이메일 확인을 아직 못 했습니다. 혹시 어떤 것을 말씀하시는거죠?

김팀장 목표에 따른 6개월간의 실적 정리 부분인데요. 최근 시작한 프로젝트의 진척 사항에 대한 정리입니다.

이대리 죄송합니다. 제가 준비를 못했습니다. 하지만 머릿속에 다 있어서 바로 말씀드릴 수 있습니다.

김팀장 [피드백 중단 및 연기] 그래도 내용을 보면서 함께 파악하는 것이 더 좋겠네요. 준비된 이후 다시 만나는 것이 좋겠네요. 자료 준비되면 저에게 이메일로 미리 보내주세요. 준비 상황을 체크한 후, 따로 시간을 협의하시죠.

이대리 사전에 준비하지 못해 죄송합니다. 준비되면 바로 이메일로 송부하겠습니다.

시작 단계는 피드백에 있어 펌프의 물을 끌어올리는 마중물과 같다. 시작이 반이라는 말처럼, 처음이 원활해야 이후 프로세스가 잘 작동된다. 시작 단계의 중요성을 인지했다면, 이제 전문적이고 구체적인 방법으로 피드백을 시작해보자.

CHAPTER 4
진행: 상생의 공동체 마인드

피드백을 실제로 진행해보자

팀원과 아이스브레이킹을 하고 전체 개요를 리뷰한 후 구성원의 피드백 참여 준비 확인이 끝나면 본격적으로 피드백을 진행하게 된다. 진행 단계는 '피드백 핵심 메시지 전달', '구성원과의 구체적인 의견 교환', '해결 방안 협의 순서'로 이루어진다.

1단계: 리더의 핵심 메시지 제시

진행 단계에서 팀장은 피드백에 필요한 근거 자료(출력물, 컴퓨터 자료 형태, 태블릿 PC, 메모)를 바탕으로 핵심 피드백 메시지를 제시한다.

핵심 메시지는 피드백의 복잡성에 따라 다르게 전달해야 한다. 간단한 보고서를 피드백하는 경우 핵심적으로 전달할 내용을 먼저 요약해서 전달하면 된다. 예를 들어, 프로젝트 보고서를 피드백할 경우 사전에 보고서를 검토한 후 수정 사항이나 논의가 필요한 부분을 체크해 그 부분만 전달하면 된다. 다소 복잡한 성과 피드백이라면 단계별로 다른 피드백 메시지가 전달되어야 한다. 초기의 '성과 합의' 과정에서는 팀원이 제시한 성과 목표와 팀장이 생각하는 차이를 명확히 전달해야 한다. '중간 성과 점검'에서는 현재까지 진행된 팀원의 성과와 팀장이 생각하는 성과 기대 수준의 차이에 대한 구체적 메시지를 전달한다. '최종 성과 평가' 단계에서는 전체의 성과와 최초 합의한 성과와의 차이를 상호 체크해 전달해야 한다. 그리고 성과 평가 피드백을 할 경우 감정이나 생각을 이야기하기 전 사실 중심으로 핵심 메시지를 전달하는 것이 가장 중요하다.

김팀장 [사실 확인 및 메시지 전달] 최종 평가까지 1개월 정도 남은 시점이지만 올해 전체 성과를 살펴보겠습니다. 연초에 합의했던 목표 3개 항목 중 2개 항목은 계획대로 수행했고, 그 이상의 성과를 내셨습니다. 2개 항목은 목표 대비 105% 정도 달성했네요. 그러나 3번째 목표는 진척도가 80% 정도고, 올해 남은 기간을 생각해도 100%는 달성하기 어려워 보입니다. 나머지 2개 항목도 부서 입장에서 중요하지만 세 번째 항목도 매우 중요한 부분이라, 이 부분 달성이 금년도 성과 평가에 가장 핵심이 될 것 같습니다.

이대리 예. 저도 그 부분이 계속 신경 쓰입니다.

김팀장 아직 한 달 정도 시간이 있는데, 이 안에 달성 가능한지 살피고, 어렵다면 뭐가 더 필요한지 다시 이야기해봅시다. 그럼 오늘은 준비한 자료를 바탕으로 하나씩 이야기해봅시다.

2단계: 리더와 구성원의 의견 교환

팀장의 핵심 메시지 전달이 끝나면 상호 의견 교환이 필요하다. 이 단계에서는 팀장의 목표와 구성원의 격차를 확인하고, 성공한 부분과 실패한 부분을 차례대로 체크한다. 이때는 실패한 부분을 중심으로 원인을 확인한다. 그리고 목표와의 격차가 작은 것부터 큰 것 순으로 의견을 교환하는 것이 좋다.

이 단계에서는 팀원의 의견을 충분히 경청해야 한다. 또한 팀원이 자유롭게 이야기할 수 있도록 시간을 넉넉히 할애해야 한다. 목표와 격차가 작은 항목에서 격차가 큰 항목으로 진행하면서 목표 달성이 어려웠던 상황과 원인 등을 경청한다. 핵심 실패 요인이 무엇인지 구체적으로 확인한다. 팀원이 실패 요인에 대해 이야기할 때 당사자 이외 문제(고객사, 경기 상황 등 또는 동료 문제)만을 이야기하는 경우가 있으므로 주의해 듣는다. 열린 마음으로 경청하는 것이 우선이지만 여기서 끝나면 안 된다. 반드시 실패한 '당사자의 문제'도 논의해야 한다.

불편한 분위기를 만들지 않기 위해 단순하게 팀원의 불평만 경청하고 피드백을 끝내는 경우가 간혹 있다. 하지만 성공적인 피드백을 위해서는 실패 원인, 향후 개선 방안을 위한 정보를 팀장이 더 파악하는 것이 필요하다. 만약 팀원이 자신의 문제를 이야기하는 것을 계속 거부한다면 원인 파악을 멈춰야 한다. 이번 기회가 아닌 다른 시간을 활용해서 그 원인을 파악하는 것이 좋다. 이를 통해 가능한 목표 달성의 격차 원인을 전체적으로 파악하고, 향후 해결방안 합의를 위한 정확한 정보를 획득할 수 있다. 다음 사례를 살펴보자.

김팀장 [차이가 작은 것, 성공 과제부터 제시] 올해 목표 달성율이 높은 1번 과제에 대해 먼저 말씀 나눠 볼까요? 지금 현재 105% 수준으로 달성했는데, 성공의 핵심 요소는 무엇이었을까요?

이대리 예. 팀장님. 우선 초반에 분석에 많은 시간을 투입한 것이 관건이었습니다. 초반 분석이 잘되니, 이후 프로젝트를 본격적으로 수행하면서 계획한대로 잘 진행되어 기대했던 것보다 목표 달성을 빠르게 할 수 있었습니다.

김팀장 [차이가 큰 것을 제시하며 실패 요인을 확인] 예. 훌륭하게 잘 수행했습니다. 그런데 과제 3은 현재 80% 정도밖에 진행되지 않았습니다. 어떤 상황인가요?

이대리 [당사자 이외의 문제 파악] 같이 일을 수행하던 직원 한 명이 퇴사해서, 하반기에 진도를 나가기 어려운 점이 있었습니다. 그리고 프로젝트를 수행하면서 알게 된 사실인데, 고객사가 다른 회사와 다르게 비협조적이고 프로젝트를 천천히 진행하는 경향이 있습니다.

김팀장 [당사자 본인 문제 파악] 퇴사 인력의 경우 같이 고민해보시죠. 그리고 고객사 문제도 이해했습니다. 3번 과제 관련해서 내부 문제는 없었을까요?

이대리 솔직히 제가 1번 과제에 집중하느라 3번 과제를 소홀히 한 것도 사실입니다. 퇴사한 직원과 제가 사이가 안 좋아서, 다소 집중하지 않은 것도 원인입니다.

이 단계에서의 피드백은 팀장의 관점으로 사전 정리된 내용만을 바탕으로 시작하는 경우가 많다. 피드백을 하면서 팀장이 준비한 자료로만 판단할 경우 주로 팀원에게 부정적인 피드백 위주로 전달될 우려가 있다. 따라서 팀원이 준비한 내용을 충분히 경청하고, 상대의 상황과 관점을 존중하며 임하는 자세가 필요하다.

3단계: 해결 방안(대안) 논의

마지막 단계는 해결 방안을 논의하는 것이다. 이 단계는 향후 목표 달성을 위한 해결 방안을 함께 논의하는 단계다. 앞에서 당사자 이외의 문제와 당사자 본인의 문제가 명확하게 파악되었다면, 각각의 해결 방안을 수립한다. 먼저 팀장이 해결방안이 필요한 항목들을 정리해서 알려준다. 그리고 팀원이 팀장에게 추가 의견을 제시한다. 마지막으로 서로 해결 방안의 격차를 좁히는 최종 논의를 진행한다.

그런데 팀장이 해결 방안을 먼저 제시하는 경우, 팀원은 좋은 해결 방안이 있더라도 말하지 못하게 된다. 이렇게 되면 현안을 가장 잘 아는 담당자의 의견은 반영되지 않고, 팀장의 의견대로 결정된다. 실제 진행한 이의 의견이 반영되지 않았으므로 당사자는 적극적으로 참여하지 않는다. 때문에 해결을 논의하는 단계에서는 먼저 팀원의 생각을 충분히 경청하고, 그 부분에 팀장의 경험과 조직 전체 성과 관점에서의 추가 의견을 제시한 후 상호 협의해야 한다. 또한 팀장의 해결 방안은 개인적인 지적보다는 지원이 가능한 부분에 주력해야 한다. '태도를 고쳐라. 또는 더 적극적으로 업무에 임하라'와 같은 개인적인 업무 스타일에 대한 지적보다는 팀장이 지원할 수 있는 내용 중심으로 방안을 제시해야 한다. 사례를 살펴보자.

김팀장 [당사자 이외의 문제와 당사자 문제 구분] 목표 달성을 위한 해결 방안에 대해 이야기 나눠볼까요? 먼저 고객사 차원하고, 우리 내부적 차원으로 나누어서 해결방안을 듣고 싶습니다.

이대리 [당사자 이외 문제 해결 방안] 고객사 문제는 우리 중에 가장 적극적인 사람을 선발해서 고객사와 더 많이 소통할 수 있도록 조치하겠습니다. 그렇게 해서 고객사에 더 빠르게 대응하겠습니다.

김팀장 [당사자 관련 문제 해결 방안] 좋은 생각입니다. 그럼 내부적 문제는 어떻게 해결할 수 있나요?

이대리 [의견 경청] 일단 인원이 적지만 나머지 멤버들이 더 단합해보겠습니다. 사이가 좋아야 프로젝트도 잘되니, 내부적으로 단합의 시간도 가져 보겠습니다.

김팀장 [현실적 지원] 좋습니다. 우선 지원이 가능한 외부 인력을 충원해주거나, 아니면 다른 파트 업무를 파악해서 지원이 가능한지 알아보겠습니다. 만약 내부 충원이 가능하면, 고객사 관련 노하우가 많은 구성원으로 지원하겠습니다. 이에 필요한 예산은 바로 지원해드리겠습니다.

이대리 [해결 방안 합의] 일단 인력이 지원될 때까지는 내부적으로 업무를 조정해보겠습니다. 고객사 관련해서도 다시 전략 회의 진행해서 보고 드리겠습니다.

피드백 진행 단계에서 가장 핵심 요소는 피드백의 처음부터 끝까지 하나의 팀이며 함께 성장하고 함께 목표와 지향점에 도달할 수 있다는 상생 협의 정신이다. 팀장과 팀원이 상호 존중하며, 서로 보완적 존재임을 기억해야 한다. 상호 협의를 통해 핵심 메시지를 충분히 이해하고 원활한 의견 교환이 이뤄질 때 팀 목표 달성을 위한 해결 방안에 보다 가까워질 것이다.

정리: 상호 확인

피드백에서 오해가 발생하면

서로 대화를 나누다 보면 말하는 사람과 듣는 사람 사이에 온도 차이가 발생한다. 피드백 메시지를 전달하고 구성원과 의견을 교환할 때 팀장이 피드백한 내용이 애초 의도와 다르게 팀원에게 전달될 수도 있고, 제대로 전달했더라도 팀원이 잘못 받아들일 수도 있다. 이러한 상황이 발생하면, 팀장은 상대방이 잘 이해할 수 있도록 계속 반복해서 이야기하게 된다. 설득하고 싶은 마음이 앞서 같은 말을 앵무새처럼 반복하게 된다. 사례를 보자.

이팀장 지금까지 내가 했던 말 기억하시죠?
김대리 예. 기억합니다.

이팀장 그러니까 말이죠. 다시 정리해보면 말이죠.

김대리 (기억하고 있다고 답했는데 도대체 몇 번을 반복해서 말하는 건지. 휴~)

이렇게 되면 듣는 사람 입장에서는 팀장의 말이 그리 중요하게 느껴지지 않고, 심지어는 잔소리로 들릴 수 있다. 지금까지 진행한 피드백의 마무리는 퍼즐 조각을 정리하는 데 있다. 그리고 정리 단계의 핵심은 피드백 내용에 대한 서로의 생각과 방향을 확인하는 데 있다. 그리고 팀원의 입장에서 맞춰진 퍼즐이 어떤 그림으로 보이는지 확인해야 한다.

1단계: 피드백 내용을 최종 요약하라

피드백 진행 과정에서는 감정은 배제하고 사실 위주로 내용을 정리해야 한다. 인간은 언제나 자기 입장에서 생각하고 기억한다. 특정 상황을 오래 기억하려면 기억을 상기시켜 기억하고 꺼내보는 일을 반복해야 한다. 자신의 입장에서 상황을 바라보다 보면, 어느 순간 자신의 입장에서 기억을 재구성하기도 한다. 인간의 기억이 서로 다른 이유도 이 때문이다. "나는 이렇게 기억하고 있는데, 넌 왜 그렇게 기억하고 있니?"라고 되물어 봤자 어쩔 수 없다. 개인적인 일은 기억이 왜곡되어 있더라도 그냥 넘길 수 있다. 하지만 업무 상황에서는 문제가 된다. 서로의 시간과 에너지를 투입해 발전적 결과를 위한 피드백을 했는데, 서로의 기억이 다르다는 것은 지금까지의 노력을 수포로 만든 것이다. 이를 위해서는 다음 과정을 따라가보자.

1. 진행 순서에 따라 정리하기

피드백하는 내용이 단편적인 주제일 수도 있고, 상관관계로 얽혀 있는 여러 주제일 수도 있다. 상대의 이해를 돕기 위해 팀장은 피드백 후 마지막 정리를 할 때 진행한 내용을 시간 순서대로 정리해주는 것이 필요하다. 정리를 할 때는 기존에 공유한 자료를 함께 보면서 정리하는 것이 좋다.

2. 피드백의 핵심 포인트 요약하기

시간의 흐름에 따라 기술한 내용 중 특별히 기억해야 하는 핵심이 있을 것이다. 이때 말하는 방식에 따라서 중요한 포인트를 서로 다르게 인식할 수도 있다. 이런 다름의 차이를 확인하고 같은 방향성을 가지기 위해 일방적으로 이야기하는 것보다 상대방이 어떻게 인식하고 있는지 물어보는 것이 좋다. 사례를 보자.

김팀장 이야기를 정리해보면 크게 연간 목표, 분기 목표, 성과 지표 그리고 상호 피드백이었습니다. 이 중에서 가장 중요한 건 무엇인가요?

이대리 저는 성과지표 관리를 위한 상호 피드백이 가장 중요하다고 생각합니다.

김팀장 그렇게 생각하신 이유를 여쭤봐도 될까요?

이대리 목표 달성을 위해서는 성과에 대한 관리가 중요하며 상호 피드백을 통해 목표 달성을 위한 방향과 구체적인 방법을 얻을 수 있기 때문에 상호 피드백이 가장 중요하다고 생각합니다.

2단계: 지원 사항에 대해 요청하기

좋은 의도만으로는 부족하다. 상대가 원하는 것을 확인하고 지원해야 한다. 전체적인 그림을 바라볼 수 있는 안목을 가질 수 있도록 하는 것과 동시에 그림을 완성하기 위해 필요한 지원이 있는지 확인해야 한다. 장기적인 목표나 단기적인 성과, 그 과정에서 발생하는 장애물과 그 장애물을 극복하기 위한 지원이 필요할 수 있다. 이때 무조건적인 지원 약속은 위험하다. 지원할 수 없는 부분에 대해서는 명확히 선을 긋고, 지원 가능한 부분에 대해서는 어떤 지원을 어떻게 할 수 있는지 구체적으로 안내한다.

1. 조직 차원의 지원 사항 확인 및 정보 제공하기

조직은 다양한 자원을 보유하고 있다. 따라서 조직 차원의 지원 정보를 제공하기 위해서는 사전에 회사 내 정책이나 지원책에 대해 상세히 파악하고 있어야 한다. 조직 차원의 지원이 필요한 경우 어떤 지원이 필요한지 확인하자. 사전에 파악한 회사 내 자원 및 지원 방안에 대해 구체적으로 안내해야 한다.

2. 팀장 차원의 지원 사항 확인 및 요청하기

팀장 차원의 지원도 마찬가지다. 상대에게 필요한 지원을 먼저 확인하는 것이 필요하다. 팀원이 어떤 지원을 원하는지 확인한 후 지원이 가능한 것인지, 불가능한 것인지 가능 여부를 알려주는 것이 순서다. "나는 이것을 줄 테니 너는 받기만 해" 하는 태도는 지원이 아니라 통보에 불과하다. 팀원 입장에서 필요도 없고 그렇게 이야기하는 팀장을 볼 때 넘을 수 없는 벽 같은 답답함을 느끼게 된다. 따라서 무엇을 필요로 하는지 원하는 것을 먼저 확인하자.

김팀장 이번 목표를 수행하기 위해 제가 지원해야 할 부분이 있다면 편하게 말씀해주세요.
이대리 생산관리 계획 프로세스를 제가 아직 이해하지 못한 것 같습니다.
김팀장 그 부분은 생산관리팀 담당이니 해당 팀에 문의하는 것이 좋겠습니다. 제가 생산관리팀장에게 요청해서 상세히 설명해줄 수 있는 담당자를 지정해달라고 요청해두겠습니다.

3단계: 다음 피드백에 대한 계획을 공유하라

팀장은 피드백 후 팀원이 정해진 역할을 잘 수행하고 있는지, 진행이 잘되지 않는다면 어떤 부분을 보완하고 조정해야 하는지 관심을 가지고 지켜보는 것이 필요하다. 이때 상황을 정확히 파악하지 않고 순간적으로 피드백을 하면, 피드백을 받는 사람이 당황할 수 있다. 이미 계획이 있었는데 구체적인 상황을 모른 채 팀장이 피드백을 지속하면 좋은 의도였다 할지라도 상대 입장에서는 갑작스런 충고나 지시로 느껴질 수 있다. 좋은 의도의 피드백이 잘 전달되기 위해서는 순간적 평가와 지시보다는 약속된 시점에 피드백을 주고받는 것이 효과적이다.

김팀장 이번 달 목표 달성이 불가능할 것 같네요. 목표 달성을 위해 홍보 부분을 강화해야 하는 거 아닌가요? 전체 팀 회의를 하는 건 어때요?

이대리 주 단위로 홍보 전략을 진행하는 중입니다. 이번 달 목표 고객 유치를 위해 타 기관과 협의를 완료했습니다. 결과가 내일 나오는데, 회의는 그 이후에 하시는 게 어떨까요?

1. 피드백을 시행할 시간 계획이 필요하다

즉각적 상황이 발생해 촉각을 다투는 상황에서는 빠르게 피드백을 실시해서 도움을 주는 것이 효과적이다. 그러나 장기 목표의 경우 관련 업무가 수행될 때마다 팀장이 피드백을 한다면 피드백을 받는 사람의 피로도는 높아진다. 이러한 경우는 주기를 정해 피드백을 하는 것이 바람직하다. 예를 들면, 1월에 연간 목표에 대해 피드백을 했다면 매월 정해진 날, 정해진 시간, 정해진 장소에서 주기적으로 피드백을 실시한다. 팀장이 혼자 결정해서 통보하기보다는 협의를 통해 피드백 주기와 방식을 결정하는 것이 좋다. 그렇다고 수시 피드백을 하지 말라는 뜻은 아니다. 긴박한 상황이나 피드백이 필요할 때면 수시로 진행될 수 있다는 것과, 팀장의 피드백이 필요하다면 언제든지 찾아와 피드백을 요청하라는 당부를 미리 팀원에게 인지시켜 피드백에 대한 심리적 안전감을 조성할 필요가 있다.

2. 피드백 내용에 대한 단계별 상호 확인은 필수다

피드백을 할 때는 목적에 대한 점검과 그 일의 진척도를 점검해야 한다. 이는 팀원이 목적지에 잘 도착하기 위해 꼭 필요하다. 기억은 자신 위주로 재편집되기 때문에, 피드백을 한 사람과 피드백을 받은 사람이 동일한 기억을 가지고 있지 않을 수 있다. 현재 상황이 초기에 합의한 방향으로 진행되고 있는 것이 맞는지 때때로 확인해야 한다. 피드백의 정리는 모든 단계에서 상호 확인이 필요하다. 피드백한 내용에 대한 상호 확인, 목표 달성을 위한 지원 사항에 대한 상호 확인, 피드백 후 목적 달성을 위한 방향성에 대해 상호 확인, 피드백 일정에 대한 상호 확인 등이 필요하다.

지속: 변화를 돕는 페이스메이커

피드백을 완성하라

프로세스에 따라 피드백하는 것을 옷 입는 과정에 비유하면 첫 단추를 끼웠다고 할 수 있다. 하지만 첫 단추만 잘 끼웠다고 옷을 다 입은 것이 아니듯, 나머지 단추를 끼우는 팔로업 과정을 통해 피드백은 완성된다. 피드백을 하는 이유와 목적은 구성원의 행동 변화를 위해서다. 피드백이 변화의 촉매제가 될 수 있도록 하기 위해서는 지속적인 관찰과 노력이 필요하다.

불교에서는 선을 수행하는 방법 중 하나로 돈오점수頓悟漸修를 꼽는다. 돈오頓悟란 갑작스러운 깨달음을 뜻하고, 그 깨달은 바를 점차적으로 수행(점수漸修)해간다는 뜻이다. 피드백을 통해 변화에 대한 필요성을 인지했다면, 그것을 실천할 수 있도록 해야 한다. 하지만 피드백이 상호 합의되었다 해도 지속적으로 실천하고 행동에 옮기는 것은 쉽지 않다. 그렇기에 피드백 이후 리더의 노력과 지원이 필요하다.

1단계: 지속적으로 관찰하기

김팀장 지난 피드백 이후 업무 프로세스가 변경되었는데 진행하는 데 문제는 없나요?

이대리 팀장님 말씀대로 프로세스를 변경하니 실수가 확실히 줄어들었습니다. 다만 수년간 해오던 스타일을 바꾸는 중이라 아직은 어색하고 불편합니다.

김팀장 어떻게 하루아침에 다 바꿀 수 있겠어요. 그래도 실적을 보니 지난 분기보다 밀도 있게 업무가 진행되고 있는 게 보여서 참 고맙습니다. 쉽지 않겠지만 하다 보면 금세 익숙해질 거예요. 조금만 더 힘냅시다.

이대리 알겠습니다. 감사합니다.

페이스메이커는 마라톤이나 수영 등에서 다른 선수들을 위해 속도를 조율해 대회에서 좋은 기록을 낼 수 있도록 선수를 돕는 보조자다. 페이스메이커는 달릴 때 앞만 보아선 안 되는데, 자신의 페이스로 뛰는 게 목적이 아니기 때문이다. 페이스메이커와 같이 리더는 팔로어를 지속적으로 관찰하고 이에 따라 필요한 피드백을 강화하며 함께 노력한다. 이를 위해 리더는 객관적으로 관찰하고, 상대의 입장을 헤아려야 한다.

1. 객관적 사실을 관찰하는 것이 중요하다

상황을 사실 중심으로 관찰하고 현재 상황에 대해 정확하게 진단할 수 있어야 한다. 현재 위치와 진행 상황을 알지 못하는 리더는 결코 원하는 목표를 달성할 수 없다. 피드백 전후를 중심으로 변화한 팀원의 행동을 객관적으로 관찰하고 판단해야 한다. '이대리는 이럴 것이다. 예전에도 그랬으니까'와 같이 추상적이거나 과거의 경험을 근거로 한 추정은 정확한 변화를 진단할 수 없다. 팀원의 행동 변화를 구체적으로 관찰하고 기록해 현재 상태(As-Is)와 지향점(To-Be)을 명확히 판단해야 한다.

2. 상대의 입장에서 생각해본다

사람에게는 누구나 자신만의 페이스와 각자의 적정속도가 있다. 피드백의 수용 또한 각자의 페이스를 지키며 목표를 달성하기 위해 함께 노력하는 과정이다. 리더의 관점에서는 변화가 없거나 더딘 사람의 모습이 답답하고 때론 이해하기 힘들 수도 있지만 기다려야 한다. 다만 시간을 충분히 두고 관찰했음에도 합의된 목표에 달성하지 못할 정도로 피드백의 수용이 더디고 변화가 없을 경우 그 원인을 확인하고 조치하는 것은 필요하다. 실제 마라톤 경기에서 활동하는 페이스메이커는 가슴과 등에 자신이 달리는 시간대를 표시한 번호표와 멀리서도 알아볼 수 있도록 커다란 풍선까지 매달고 달린다. 페이스메이커라는 그 이름과 같이 선수들의 컨디션을 조절하고 안내하는 역할도 하지만 가장 큰 역할은 혼자 뛰고 있지 않다는 것을 느끼게 하는 것이기 때문이다. 함께 뛴다면 목표한 기록을 달성할 수 있다는 신뢰감을 주는 것 또한 리더의 중요한 역할이다. 피드백은 나의 현재 위치를 알고, 앞으로 노력과 변화에 대한 다짐을 지속할 수 있도록 한다. 리더의 피드백은 단순히 입에서 나오는 메시지가 아니라 변화의 계기를 주는 시발점이다. 그리고 피드백 이후 구성원과 함께 노력하며 지속적인 신뢰를 준다면 긍정적인 변화로 이어질 것이다.

2단계: 피드백 강화하기

김팀장 조금 전에 올라온 업무계획서의 내용이 지난번 우리가 이야기 나누었던 것과 다른 것 같은데 확인 좀 해주겠어요?

이대리 예, 팀장님 확인해보겠습니다. (잠시 후) 지난번에 팀장님께서 지원부서 업무요청건을 우선적으로 하라고 말씀해주셔서 이렇게 진행했는데 혹시 잘못되었을까요?

김팀장 어떤 업무가 긴급한지 먼저 확인할 필요가 있어요. 지난번에 내가 피드백했던 상황과 지금의 상황이 다른 부분이라는 것을 구분해줬으면 해요.

이대리 알겠습니다. 업무의 우선순위에 대한 이해가 부족했습니다. 향후 이런 경우가 또 발생한다면 팀장님께서 다시 말씀해주실 수 있을까요?

김팀장 예. 물론이죠.

병원에서는 초진으로 환자의 검사를 종료하는 것이 아니라 환자의 예후와 상태에 따라 정기, 비정기적 검사를 하며 필요에 따라 치료를 한다. 환자의 상태에 따라 치료를 달리하는 의사처럼 리더 역시 상황과 수준에 따라 피드백을 전략적으로 전달해야 한다. 하지만 여기서 중요한 것은 피드백이 잘 이루어지고 있지 않다고 해서 그간의 피드백 프로세스를 모두 처음으로 되돌리는 것이 아니다. 의사가 환자를 치료하고 있음에도 예후가 좋아지지 않을 경우 앞선 진료와 치료에서 문제부터 살펴보며 치료방법을 모색한다. 피드백 또한 프로세스에 따라 피드백이 잘되지 않는 원인을 분석하고 그에 맞춘 수정 피드백을 진행하는 것이 중요하다. 세상의 모든 질병을 치료할 수 있는 만병통치약이란 존재하지 않는다. 만 가지 질병을 꼼꼼하게 살펴보고 질병에 따라 처방하는 만 가지 치료법이 있을 뿐이다. 모든 상황에 적합한 마법과 같은 피드백은 존재하지 않기에 지속적 관찰과 함께 피드백 강화가 반드시 필요하다.

3단계: 피드백을 피드백하는 AFR

미국의 해군특수부대 네이비실Navy SEAL은 크고 작은 작전과 훈련을 수행한 뒤에는 반드시 잘된 점, 잘못된 점에 대해 상호 피드백을 나누는 과정인 AAR After Action Review을 진행한다. 지난 전투와 훈련에 참여한 구성원이 모두 모여 어떤 일이 일어났고, 왜 일어났고, 어떻게 개선할 수 있는지를 분석한다. AAR을 통해 이들은 실패와 성공 요인을 구분하고 분석해 발전의 계기로 삼는다. 이를 통해 개인에게 한정되었던 경험이 전체 공동의 경험으로 공유되기 때문이다. 학습과 경험을 통해 개인에게 체화되어 있지만 겉으로 드러나지 않던 암묵지暗默知가 여러 사람이 공유할 수 있는 형식지形式知가 된다는 것에 주목할 필요가 있다.

  조직 내 피드백은 일대다로 진행되는 경우도 있으나 일대일 피드백으로 진행되는 경우가 더 많다. 이런 경우 리더와 팀원은 한정된 경험과 상황에 대해서만 피드백을 진행하게 되고 조직의 성장은 그만큼 멈추게 된다. 하지만 개인의 피드백 경험을 AFR After Feedback Review로 활용해 진행한다면 피드백의 경험을 강화시키고 조직 구성원이 함께 성장하는 선순환 구조를 만들 수 있다.

> **TIP** AFR을 통한 질문, 이렇게 해보자
>
> 1. 피드백을 통해 기대하는 변화, 성과는 무엇인가?
> 2. 실행해 얻은 것은 무엇인가?
> 3. 목표한 것과 실제 실행한 것의 차이는 무엇인가?
> 4. 차이의 원인은 무엇인가?
> 5. 지속 강화해야 할 것은 무엇이고, 하지 말아야 할 것은 무엇인가?

생각해봅시다

굿 피드백을 위한 피드백 프로세스 5단계를 통해 각 단계별로 무엇을 해야 하는지, 어떻게 해야 하는지 구체적으로 파악했을 것이다. 이제 잠시 자신에게 필요한 변화를 생각해보자.

(Stop) 해야 한다고 생각했지만, 실천하지 않은 것은 무엇인가?

_____

_____

_____

(Think) 실천을 미루고 있는 이유는 무엇인가?

_____

_____

_____

(Action) 지금 당장 할 수 있는 것은 무엇인가? 언제부터 어떻게 시작할 것인가?

_____

_____

_____

(Result) 실천해본 소감은? (1개월 후 작성해 봅시다)

_____

_____

_____

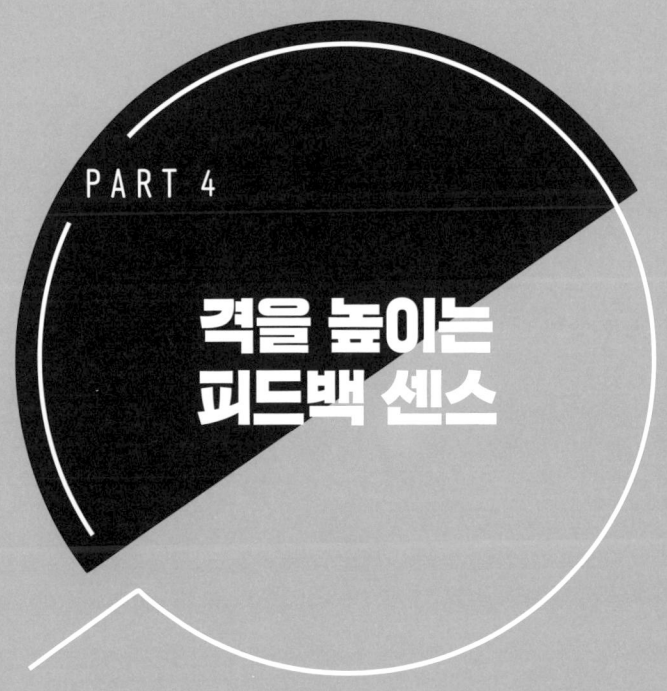

PART 4
격을 높이는 피드백 센스

구성원의 성장을 돕는 피드백 센스로는

감정을 배려하는 감정 센스,

상대를 객관적으로 바라보는 관찰 센스,

공감적 피드백을 이끌어내는 경청 센스,

진심을 이끌어내는 말 센스,

관점을 확장시키는 질문 센스가 있다.

CHAPTER 1

피드백 센스를 키우자

지금까지 굿 피드백의 구성요소를 통해 피드백을 위한 기본기와 프로세스를 살펴보았다. 여기에 구성원을 더 성장시키는 피드백 기술이 하나 더 있다. 바로 피드백 센스다. 피드백 센스는 다음과 같이 정리할 수 있다.

1. 자신의 감정을 파악하고 상대의 감정 상태를 배려하는 **감정 센스**
2. 구성원을 즉시 판단하지 않고 상대를 객관적으로 관찰하는 **관찰 센스**
3. 공감을 자연스럽게 이끌어 공감적 피드백을 성공시키는 **경청 센스**
4. 팀원을 주인공으로 만들어 진심을 이끌어내는 **말 센스**
5. 구성원의 행동의 변화를 가져오는 동시에 관점을 확장시키는 **질문 센스**

사전 진단

피드백 센스에 들어가기에 앞서 자신의 현재 피드백 센스 수준을 자가 진단해보자. 피드백 센스를 체크할 때는 최근 자신의 행동뿐만 아니라 과거 자신이 어떻게 행동했는지를 되돌아보며 점검해야 한다. 판단이 잘 서지 않는다면 자신을 잘 아는 사람이 자신에게 어느 정도 수준이라고 말할지 염두하고 체크하자.

5점	4점	3점	2점	1점
매우 그렇다	그렇다	보통이다	그렇지 않다	전혀 그렇지 않다

구분	나의 행동	점수
감정 센스	나의 감정이 부정적인 상태라면 교정적 피드백을 즉시 하지 않고 다음으로 미룬다.	
	구성원의 감정이 부정적인 상태이면 교정적 피드백을 즉시 하지 않고 다음으로 미룬다.	
	나는 구성원의 긍정적 행동이 관찰되면 놓치지 않고 지지적 피드백(인정과 칭찬)을 한다.	
관찰 센스	나는 진정한 관심을 가지고 구성원이 어떤 일을 하는지, 어떻게 일하는지 관찰한다.	
	나는 구성원의 말뿐만 아니라 표정, 몸짓, 손짓, 목소리 등 비언어적인 특징을 주의 깊게 관찰한다.	
	나는 평소 구성원이 잘하는 점, 개선이 필요한 점, 기억해야 할 만한 점 등을 구분해 관찰 결과를 기록한다.	

경청 센스	나는 피드백 상황에서 상대방에 대한 경청 시간을 50% 이상 할애한다.	
	나는 상대방 입장에서 공감하고 이해하려고 노력하면서 경청한다.	
	나는 말이나 행동을 통한 리액션을 적극적으로 활용하면서 경청한다.	
말 센스	피드백을 시작할 때 허락을 구하는 질문을 사용한다.	
	교정적 피드백은 한 번만 하려고 노력한다.	
	대화 과정에서 의도하지 않은 말 실수를 한 경우, 그 순간 바로잡고 실수를 인정한다.	
질문 센스	나는 질문에 답하는 구성원의 생각과 의도를 존중한다.	
	나는 목표에 초점을 맞춘 질문을 구체적으로 한다.	
	나는 고착화된 관점을 확장할 수 있는 질문을 한다.	

60점 이상: 피드백 센스를 잘 실천하고 있음
59~45점: 피드백 센스를 다소 실천하고 있음
44~30점: 피드백 센스를 다소 실천하지 못하고 있음
29점 이하: 피드백 센스를 거의 실천하지 못하고 있음

상대의 기분을 알아차리고
관리하는 감정 센스

팀 내 긴장을 누그러뜨리는 감정 센스

팀장 회의를 마치고 사무실로 들어서는 박팀장의 얼굴이 심상치 않다. 잔뜩 찌푸린 얼굴에 씩씩거리느라 어깨까지 들썩거린다. 자리에 오자마자 다이어리를 책상 위에 소리 나게 던지고서는 오대리를 찾는다. 팀 내 긴장감이 감돌고 모두 같은 생각을 한다. '오대리가 오늘 된통 깨지겠구나.'

박팀장 오대리!
오대리 예. 팀장님.
박팀장 홍보팀하고 업무 조율했어? 안 했어? 도대체 일을 왜 이렇게 하는 거야? 자꾸 이따위로 할 거야? 일하기 싫어?

오대리 … 무슨 말씀이신가요?

박팀장 자기가 맡은 일이 어떻게 돌아가는지도 모르는 거야? 내가 지난번에 홍보팀하고 이번 전시회 건에 대해서 업무 조율하라고 했잖아. 오늘 홍보팀 팀장에게 진행사항을 물어봤더니 금시초문이라 해서 내가 상무님 앞에서 얼마나 민망했는 줄 알아? 업무 진행 현황도 파악 못 하는 사람이 되어버렸잖아!

오대리 죄송합니다. 조율한다는 게… 어제 팀장님이 지시하신 사장님 보고 자료 준비하느라 깜박했습니다.

박팀장 지금 변명하는 거야? 자기 업무 하나 제대로 못 하면서 뭘 하겠다는 건지. 오늘 오후까지 홍보팀과 일정 조율해서 결과 보고해.

오대리 …예.

감정과 기분은 쉽게 전이된다. 팀장은 팀원들에 비해 기쁨이나 분노 등의 감정을 더 자유롭게 표현할 수 있는 위치에 있고, 팀원들은 팀장에게 좀 더 주의를 기울여야 하는 위치에 있기 때문에 팀장의 감정과 기분에 따라 팀원들이 훨씬 더 큰 영향을 받는다. 이때 긍정적 감정보다는 부정적 감정이 더 파급력이 크다. 따라서 팀장은 자신의 감정이나 기분이 팀 내에 어떤 영향을 미칠 수 있는지에 대해 관심과 주의를 기울이고 감정 표현을 관리할 필요가 있다.

미국의 심리학자 대니얼 골먼Daniel Goleman은 소비자 또는 종업원의 감정을 건드려서 진심에서 우러나는 지지와 열정을 얻어내는 능력을 감성지능Emotional Intelligence이라는 개념으로 설명했다. 감성지능을 요약

[격을 떨어뜨리는 피드백]

[격을 높이는 피드백]

하자면 '감정과 느낌을 통제하고 조정할 줄 아는 능력'이다. 이는 '자기 자신 및 다른 사람들의 감정을 인식하고 스스로에게 동기를 부여해 자신의 감정과 다른 사람들의 감정과의 관계를 효과적으로 관리하기 위해 필요한 능력'이다.

    감성지능을 키우려면 우선 자기인식 Self-awareness이 필요하다. 자기인식이란 자신이 느끼는 감정을 빨리 인식하고 알아차리는 능력을 뜻한다. 여기에는 자신의 능력에 현실적인 평가를 내리고 적절한 자기확신을 갖는 능력도 포함한다. 자신의 감정 상태를 모르면서 다른 사람의 감정을 잘 이해하기란 불가능하기 때문에 자기인식이 부족한 팀장은 불필요하게 자기 잘난 척을 덧붙이거나 남을 비난하기 쉽다. 팀원들이 불편해하는 데 정작 본인은 전혀 모를 수도 있다. 자기 기분에 취해 남의 감정을 알지 못하고, 결국 후회할 언행을 하곤 한다. 개인적인 호불호와 이성적 판단을 혼동하기도 한다. 자신이 옳다고 주장하는 데 한참 이야기를 들어보면 결국 '마음에 들지 않는다'는 감정적인 경우가 많다. 이처럼 자기인식이 부족하면 내부 갈등이 발생했을 때 이를 합리적으로 조율할 수 없게 된다.

앞 사례에서 박팀장은 화가 난 상태로 피드백을 했고 그의 피드백은 결국 비난이 되어버렸다. 팀장의 감정적 질타를 받은 오대리는 반성 대신 질타하는 팀장에게 그 화살을 돌릴 가능성이 높다. 오대리 또한 부정적으로 바뀌어 객관적으로 사실을 받아들이기 어려워지는 것이다.

감정 센스를 활용해보자

1. 피드백 전에 자신의 감정을 인식하는 것이 먼저다

피드백에 앞서 먼저 지금 자신의 기분이 어떤지 점검하라. 부정적 감정이 올라온다면 피드백을 할 때가 아니라 멈춰야 할 때다. 다른 사람들은 모르는 자신의 마음을 살펴보아야 한다. 피드백을 통해 상대에게 어떤 변화가 있길 원하는지 들여다보면 부정적 감정은 내려앉고 상대의 성장을 원하는 자신을 발견하게 된다. 이때가 바로 이성적인 피드백을 할 타이밍이다.

2. 피드백을 받는 상대와 주변 사람의 감정 상태를 읽은 후에 피드백하라

늘 시간에 쫓겨 자신도 모르게 팀원들이 하는 설명을 끝까지 듣지 않고 "그래서? 결론이 뭔데?" 하고 반사적으로 되묻곤 하는가? 별 의미 없이 보인 반응일지라도 팀원은 짧은 시간에 자신의 생각에 대한 이유와 배경을 이해시킬 수 없어 답답해하고 초조해한다. 또는 상사가 자신을 무시하거나 야단쳤다고 생각할 수도 있다. 피드백을 할 때는 상대가 어떤 감정을 느낄지 예측하는 것이 필요하다. 상대의 감정이 훼손된 상태에서는 피드백의 의도 자체가 부정적으로 왜곡될 수 있기 때문이다.

3. 교정적 피드백뿐만 아니라 지지적 피드백을 놓치지 말고 피드백하라

심리학자이자 기업 컨설턴트인 마셜 로사다Marcial F. Losada는 60개 팀을 대상으로 각 팀 내의 지지적 피드백과 교정적 피드백의 횟수를 관찰했다. 그 결과 최고의 성과를 보인 15개의 팀에서 교정적 피드백과 지지적 피드백의 비율이 1 대 2.9로 나타났다. 최고의 성과를 만들어내기 위해서는 교정적 피드백뿐만 아니라 지지적 피드백이 필요함을 보여준다. 지지가 필요한 순간을 놓치지 말고 피드백을 통해 긍정적 감정을 확대하고 교정적 피드백을 통해 창의적 긴장감을 조성해야 한다.

CHAPTER
3

상대를 객관적으로
판단하게 돕는 관찰 센스

미생이 알려준 것

　2014년 TvN에서 제작해 방영한 드라마 〈미생〉은 직장 생활에 관한 많은 애환과 에피소드를 현실감 있게 그린 것으로 평가되는 드라마다. 〈미생〉에는 주인공 장그래가 실수로 오해를 받는 사건, 일명 '딱풀사건'이 소개된다. 팀장인 오과장은 특유의 세심함과 관찰력으로 어려운 상황을 풀어나간다.

#장면1

주인공 장그래는 영업3팀, 김석호는 영업2팀에서 근무하는 인턴이다. 장그래가 총무팀에 다녀오려는 순간 김석호는 딱풀을 잠깐 빌려달라고 부탁한다. 김석호는 장그래가 자리를 비운 사이에 장그래의 자리에서 딱풀 작업을 하다가 실수로 보안문서 중 하나인 영업3팀의 기안지를 서류 밑에 붙여 간다.

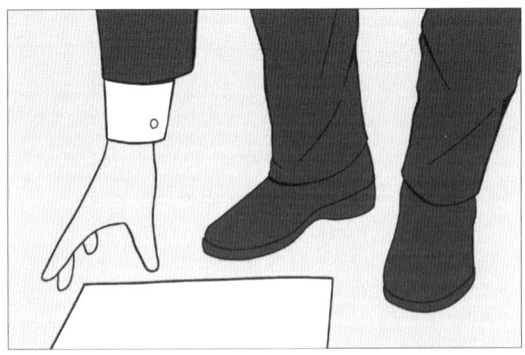

#장면2

급히 심부름을 가던 김석호는 로비를 지나면서 장그래의 영업3팀 문서를 안내데스크 앞에 떨어뜨린다. 마침 몇 분 후에 그 자리를 지나던 최전무는 로비 바닥에 떨어진 기안문서를 집어 들고 유심히 바라본다. 최근 회사 내 문서보안이 강조되던 상황이었기 때문이다.

#장면3

최전무는 오과장에게 보안 위반을 질책한다. 문서를 다루던 장그래는 오과장에게 심하게 혼나고, 장그래는 자신의 실수인지 아닌지도 모른 채 옥상에서 기합까지 받게 된다.

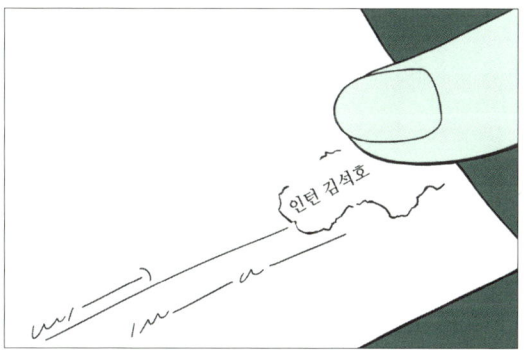

#장면4

차갑게 가라앉은 영업3팀의 분위기와는 달리 영업2팀은 신규 계약수주로 축제 분위기인 가운데, 오과장은 최전무에게 건네받았던 보안문서를 자세히 관찰하며 살펴보다가 영업2팀 김석호의 실수로 눌어붙은 딱풀의 흔적을 발견한다. 그제야 오과장은 장그래의 실수가 아니라 김석호가 문서를 흘렸다는 것을 알아차리게 된다.

#장면5

오과장은 장그래의 실수라고 넘겨짚은 것을 크게 후회한다. 결국 오과장은 회식 자리에서 장그래의 실수가 아니란 것을 말해준다. 회식을 마치고 돌아가는 길에 마주친 영업2팀 팀장에게 오과장은 김석호의 실수로 장그래가 혼난 것을 따진다. 장그래는 엄격한 오과장을 어려워했지만, "'우리 애'가 혼났잖아~!"라는 표현을 떠올리며 오과장의 속마음을 이해한다.

오과장은 인턴 근무에 호의적이지 않아 장그래에게 크게 관심을 두지 않았다. 그러던 와중 문서보안 사고로 최전무에게 질책을 받은 후 장그래를 심하게 질책했고, 인격적으로 좌절감을 느낄 수 있는 언어적 상처를 주기도 했다. 오과장은 장그래에게 변명할 기회조차 주지 않았다. 그저 그는 모든 책임이 이미 장그래에게 있다고 단정 짓고 있었다. 장그래를 혼내기 전에 말할 기회를 주었다면 어땠을까? 그의 이야기를 듣고 관찰했다면 상황은 어떻게 달라졌을까?

관찰은 피드백과 밀접하게 연결되어 있다. 관찰이 부족하면 부정확한 판단으로 이어지고, 리더의 피드백은 객관성을 잃고 자기만의 생각

[격을 떨어뜨리는 피드백]   [격을 높이는 피드백]

과 판단으로 점철된다. 관찰이 풍부하면 리더는 구성원과 관찰한 결과를 바탕으로 소통할 수 있고, 현업 대화 내용도 풍부해지며, 객관적인 피드백을 할 수 있는 바탕도 마련된다. 그러나 업무현장에서는 리더들이 업무에 쫓겨 바쁘게 생활하기 때문에 구성원에 대한 관찰이 사실상 어렵다. 그렇다면 어떻게 하면 관찰 능력을 키울 수 있을까?

관찰 센스를 활용해보자

1. 관찰 능력을 키우는 방법을 알아보자

관찰한다는 것은 어떤 대상에 대해 집중해 구체적으로 바라본다는 것을 의미한다. 관찰력을 키우기 위해서는 대상에 대한 관심과 흥미가 있어야 한다. 진정한 관심을 가진다는 것은 리더가 구성원에 대해 진심으로 성장하고 성공하기를 바라는 마음과 배려하는 마음을 가지는 것

을 말한다. 진정한 관심은 리더가 개개인의 재능과 강점을 이해하고 그에 걸맞는 업무와 기회를 부여하는 것으로 발현된다. 따라서 리더는 구성원에 대해 탐구하고 연구해야 하며, 관찰을 통해 그의 재능이 무엇인지 강점이 무엇인지 파악하는 활동을 자연스럽게 수행해야 한다. 진정한 관심은 피드백이라는 지렛대의 축과 같다. 지렛대의 축이 대상물, 즉 상대방이나 구성원에게 더 가까이 있을수록 관찰은 더 자세하게 이루어지며 리더의 피드백은 더 큰 힘을 발휘하게 된다.

2. 비언어에 주목하는 관찰 능력을 키워야 한다

대화할 때 대부분은 말의 내용에 신경 쓴다. 그러나 사실 사람이 나누는 의사소통의 93%는 비언어적 정보에 있다. 비언어적 의사소통은 말과 함께 사용하는 표정, 몸짓, 손짓, 목소리 톤, 자세 등을 말한다. 사람은 대화할 때 끊임없이 이러한 신호를 상대방에게 보낸다. 다음과 같은 업무 상황에서 리더가 구성원의 비언어적 뉘앙스를 잘 이해할 수 있다면, 구성원의 정서에 공감하며 피드백을 할 수 있을 것이다.

[회의 상황]

회의 중에 논쟁이 이루어지는 상황에서 의견 불일치를 보이는 구성원의 비언어에 주목해보자. 천장이나 먼 곳을 보거나, 입을 삐죽이거나 입술을 안으로 다무는 모습, 고개를 푹 숙이거나 몸의 일부를 문지르는 등의 행위는 불안함이나 불만족을 드러내는 행동이다. 이러한 모습이 관찰된다면 리더는 그 구성원에게 자신의 의견을 자연스럽게 말할 수 있도록 기회를 주어야 한다.

[업무지시 상황]

업무를 지시할 때 상대가 목을 만지거나, 입을 가리는 등의 행위를 하는 것을 볼 수 있다. 목을 쓰다듬거나 다리를 문지르는 등의 비언어 행동은 스트레스에 반응할 때 가장 자주 나타나는 행동이다. 이런 비언어 행동이 관찰된다면 구성원과의 솔직한 소통을 통해 스트레스 요인을 파악하고 해결한 후에 업무를 지시한다.

[비대면 미팅 상황]

재택근무 확산 등으로 비대면 미팅 상황이 많아졌다. 온라인 미팅은 상대방의 행동이나 태도와 같은 비언어 행동을 관찰하기가 상대적으로 어렵다. 다수가 회의하는 상황에서 비디오 전환이 잦거나, 자주 시선을 옮기는 등의 행동이 보이면 미팅에 집중하지 못하는 방해요인이 있을 수 있다. 하지만 섣불리 판단하는 것은 금물이다. 리더는 해당 구성원이 미팅에 집중할 수 있도록 개별 채팅 등을 활용해 상황을 파악해 보는 것이 좋다.

3. 기록하는 습관을 통해 실질적인 관찰 능력을 키운다

관찰한 내용을 기록한다. 업무수첩이나 스마트폰의 메모장, 업무용 PC의 한 공간에 자신이 가장 잘 사용하는 업무 툴을 사용해 짧고 가볍게 자주 메모를 남겨두면 된다. 개인별로 기억할 만한 정보를 메모해두고, 구성원이 잘하는 점, 개선이 필요한 점, 기억해야 할 만한 점 등을 구분해 관찰 결과를 기록해두자. 특히 구성원이 요청했던 사항이나 도움을 요구하는 사항은 별도 표시를 해둔다. 회사의 핵심가치나, 인재상이 있다면 그것을 분류 기준으로 삼아 기록해두는 것도 방법이다. 또는 윤리규정이나 팀 내의 그라운드 룰이 있다면 구성원이 조직의 규범과 기준에 해당하는 행동을 긍정적 또는 부정적으로 수행했을 때 그에 맞는 내용을 기록하면 된다.

예전 한 기업에서는 팩트 개더링Fact Gathering이라는 절차를 도입하여 진행했다. 이는 구성원들이 회사의 인재상 또는 핵심역량에 맞게 행동한 것을 팀장들이 관찰하고 수시로 기록하게 하는 시스템으로 팀장은 자신이 기록한 내용을 바탕으로 3개월마다 팀원들에게 1시간 이상 피드백을 하는 훈련을 받았다. 처음에는 모두 적응하느라 힘들어했지만, 몇 년 후에는 팀장과 구성원들이 제도의 취지와 효과를 이해하게 되었고, 사람에 대한 진정한 관심이 높은 회사라는 것에 자부심을 가지는 계기가 되기도 했다.

공감적 피드백을 이끄는 경청 센스

경청하지 않는 리더

김팀장은 조대리와 2분기 면담을 진행하고 있었다. 조대리는 팀 내에서 가장 성과가 높은 직원이지만, 문서작성 기술을 업그레이드하기 위해 이미 팀장과 이미 한 차례 교정적 피드백을 한 뒤였다.

조대리 팀장님, 지난번 면담 때에도 문서작성 기술을 높이라고 하셔서, 교육을 받게 해달라고 요청드렸는데요.
김팀장 어… 그랬나요?

김팀장은 지난번 면담 내용을 참고하고자 업무수첩을 뒤져보았지만 적어놓지 않았다는 것을 그제야 깨달았다.

조대리 지난번 면담하실 때, 마침 상무님이 보내신 문자 메시지를 보고 계셨는데 제가 눈치 없이 그 타이밍에 말씀을 드렸나 보네요. 지난번에는 팀 업무가 바쁘다고 연기하라고 하셨습니다. 다음 달에는 꼭 보내주시면 좋겠습니다.

김팀장 그… 그래요.

조대리의 얼굴이 다소 굳어지는 것을 느끼면서 김팀장은 조대리의 눈을 제대로 쳐다보지 못했다. 조대리는 늘 알아서 잘한다고 생각했기 때문인지, 애로사항을 주의 깊게 듣지 않았던 것이다. 미안한 마음이 들었고 무엇보다도 제대로 경청하지 않았던 자신의 모습에 스스로 뻘쭘해지는 순간이었다.

경청은 효과적인 피드백에 있어 아주 중요한 과정이다. 경청하지 않는 리더는 아무리 좋은 피드백을 하더라도 구성원들이 외면하기 쉽다. 구성원들은 자신들의 애로사항과 요청에 대해 리더의 진정한 태도와 적절한 피드백을 원한다.

직원들은 다 알고 있다

소통을 잘하는 리더는 두 가지를 잘한다. 첫째는 상대방의 말을 잘 경청해 타인의 의사를 잘 파악하고, 둘째는 자신의 의사를 합리적으로 전달한다.『논어』에는 이청득심以聽得心이라는 말이 있다. 상대방의 말에 귀를 기울이면 상대방의 마음을 얻을 수 있다는 뜻이다. 일반적으로 말

소통이 안 된다고 느꼈던 이유는?

- 상대방의 말은 듣지 않고 자기 말만 해서 **55.0%**
- 알아들은 줄 알았는데 전혀 바뀌지 않아서 **39.7%**
- 내 말을 도저히 이해하지 못하는 것 같아서 **36.8%**
- 영혼 없는 리액션 때문에 **26.9%**
- 나만 말하고 상대는 반응이 없어서 **19.2%**

설문진행: 잡코리아, 알바몬
설문대상: 직장인과 아르바이트생 2,860명

하기를 잘하는 사람이 소통을 잘하는 것처럼 보이지만, 사실은 잘 듣는 사람이 소통을 잘한다. 위의 결과는 잡코리아와 알바몬이 직장인과 아르바이트생 2,860명을 대상으로 실시한 설문조사다.[21] 이를 살피면 경청하지 않는 리더에 대해 어떻게 생각하는지 짐작해볼 수 있다.

경청은 상대방이 말한 내용을 귀담아 들음으로써 더 정확한 정보를 얻게 해주며, 이를 통해 상대방이 원하는 피드백을 명확하게 전달할 수 있도록 해주는 중요한 기술이다. 나아가 더 좋은 리더가 되기 위해 반드시 필요한 리더십 기술이기도 하다. 효과적인 피드백을 위해서 리더들은 어떻게 경청해야 할까? 경청 상황에서 어떤 태도를 취하고 어디에 집중해야 하는지, 다음과 같이 4분면으로 구성된 경청 매트릭스를 중심으로 판단해보자.

---

21 안수정, 「근로자 42%, '직장 내 소통단절, 근무의욕 꺾는다'」, 잡코리아 취업뉴스, 2017.02.03., https://www.jobkorea.co.kr/goodjob/tip/View?News_No=11526&schCtgr=

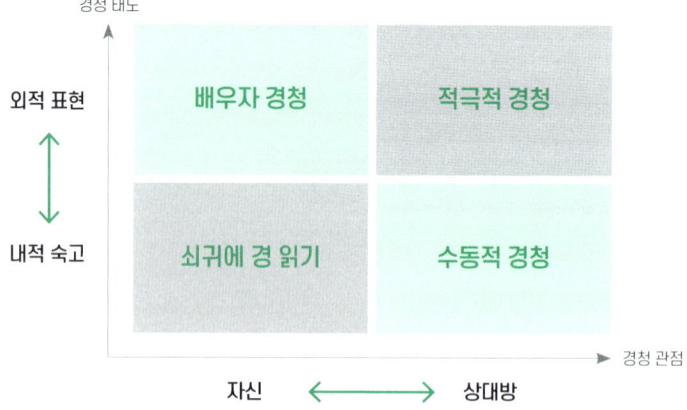

적극적 경청은 '공감적 경청'이라고도 한다. 상대방 관점에서 생각하면서 적극적으로 표현하며 경청하는 경우다. 피드백 상황에서도 리더가 무미건조한 대화의 분위기를 넘어서는 적극적인 경청의 태도를 보여준다면 구성원은 리더의 피드백에 더욱 공감을 느낄 것이며 시간이 지날수록 마음을 열고 소통할 수 있을 것이다. 다음과 같이 표현할 때 상대방은 더욱 공감을 느낀다고 한다.

- 상대방을 향해서 앉거나, 개방적인 자세를 취한다.
- 상대방을 향해 때때로 몸을 기울여 앉는다.
- 상대가 이야기할 때 눈을 응시하거나, 시선을 적절히 접촉한다.
- 이야기를 들으면서 고개를 끄덕여 호응한다.
- 추임새와 같은 음성 반응(아하, 음, 네)을 한다.
- 들은 이야기 중에 관심이 가는 부분은 질문하거나 다시 언급해본다.

[격을 떨어뜨리는 피드백]

[격을 높이는 피드백]

'수동적 경청'은 상대방 관점에서 듣지만 공감한다는 표현이 겉으로 드러나지 않는다. 평소 신뢰가 확보되어 있지 않다면, 피상적인 대화에 머물 가능성이 있다. 상호 신뢰가 형성된 상태에서는 수동적 경청으로도 진지한 소통이 이루어질 수 있으나, 그렇지 않은 관계에서는 적극적 공감 표현을 통해 상대의 심리적 안전감을 조성하는 자세가 필요하다.

'배우자 경청'의 경우 오로지 자신을 중심으로 생각하고, 태도 역시 하고 싶은대로 행동하는 경우가 여기에 속한다. 퇴근 후 집에서 TV로 인기 드라마나 스포츠를 볼 때, 휴일에 집에서 무언가를 하고 있을 때 배우자가 말한 내용을 건성으로 들었던 경험이 있을 것이다. 또는 회사에서 누군가에게 다가왔을 때, 모니터만 바라보면서 대답을 했던 경험이 있을 수도 있다. 이런 경우 상대는 자신이 무시당했다고 느끼고 당신을 무례한 사람이라고 생각할 것이다. 이는 리더들이 절대 해서는 안 되는 경청 태도다.

마지막으로 '쇠귀에 경 읽기'는 상대방에 대한 공감이 전혀 없고, 방금 한 말을 이해하지도 기억하지도 못하는 상태를 말한다. 이러한 태도는 누구든 더 이상 당신과 이야기를 하고 싶지 않게 만든다.

경청 센스를 활용해보자

적극적 경청으로 공감하는 리더가 되자

적극적으로 듣자. 이는 상대방에게 호감을 느끼게 해 마음의 문을 열어준다. 상대방이 자신의 말을 잘 들어준다고 느끼는 것만으로도 감정적 문제가 해소될 수 있으며 미처 생각하지 못했던 깊은 이야기나 소중하고 진솔한 이야기들을 꺼내어 펼쳐놓게 된다. 듣는 사람은 상대방에게 더 많은 정보와 지식을 얻거나 배우게 되는 기회를 가질 수 있다. 누군가와 어려운 관계에 있다면, 적극적 경청 자세로 전환하는 것만으로도 상대방과의 관계가 호전될 수 있다. 경청은 말하는 사람의 인정욕구를 충족시켜 자존감을 높여주는 힘이 있다.[22] 적극적 경청은 공감을 이끌고, 구성원의 공감은 피드백 분위기를 개선한다. 피드백이 효과적이기를 원하는 리더라면, 경청 기술을 향상시켜보자.

---

22 백미숙(2006), 「효과적 리더십으로서의 효과적 경청」, 『숙명리더십연구』, 제4집, 79-98.

진심을 이끌어내는 말 센스

필요한 말을 필요한 만큼만 하자

자신만의 논리로 상대방이 공감하지 못하는 이야기를 하는 사람이랑 대화를 하고 있다면 아무리 그가 리액션을 잘하고 나의 눈을 바라보더라도 그 대화는 즐거울 수가 없다. 미국의 저널리스트이자 『말 센스』의 저자인 셀레스트 헤들리Celeste Headlee는 말 센스란 적재적소에 필요한 말을 필요한 만큼만 하는 것이라고 했다. 그것은 말하고자 하는 욕구를 잠시 내려놓은 다음 상대를 바라보고 들어주는 것이며 상대가 진심으로 하고 싶은 말을 끌어내는 것이라고 정의했다.[23] 피드백 상황도 마찬가지다. 상대방의 성과를 높이기 위해서는 피드백의 주인공이 자신이

---

23 셀레스트 헤들리, 『말 센스』, 스몰빅라이프, 2019.

[격을 떨어뜨리는 피드백]

[격을 높이는 피드백]

아니라 상대방이 되어야 한다.

다만 대화를 나누는 두 당사자의 관계, 장소, 시기, 주제 등 모든 것들이 상황마다 다르기 때문에 언제나 통용되는 기술을 제시하기란 어렵다. 특수한 상황에서 적용할 수 있는 몇 가지 말 센스를 기억해두고 비슷한 상황에서 꺼내 쓴다면 피드백의 효과를 증가시킬 수 있다. 피드백 상황에서 자주 활용할 수 있는 말 센스를 알아보자.

말 센스를 활용해보자

1. 먼저 양해를 구하라

"잠시 시간이 될까요? 하고 싶은 말이 있는데 해도 될까요?"라고 하면 된다. 갑자기 들어오는 피드백은 잔소리가 된다. 형식적으로 보이더라도 양해 또는 허락을 구해 상대방이 배려받았다고 느끼게 해야 한다.

리더가 시간이 있는지 양해를 구한다면, 대부분의 경우 긍정적인 대답으로 시간을 내어줄 것이다. 또한 이러한 질문은 상대방이 실제로 시간이 있는지를 확인하는 방법이 된다. 상대는 촉각을 다투고 있을 수도 있다. 이런 경우에 시간이 있는지 물어보지 않고 대화를 시작하게 되면 과연 구성원이 집중해서 리더의 이야기를 듣고 있을까? 사정을 이야기하고 대화를 중단할 수 있는 관계라면 다행이지만 그렇지 않다면 구성원의 머릿속에는 불만만 쌓이고 있을 것이다.

2. 배려하는 문장으로 시작하라

리더는 팀원과 대화를 시작할 때 보통 상대방의 이야기를 듣고 싶어서가 아니라 할 이야기가 있어서 부른다. 게다가 대부분의 경우는 바로 본론으로 들어간다. 듣는 사람 입장에서는 '당신은 그냥 입 닥치고 내 말을 듣기나 해'로 들린다. 이제는 대화 방식을 조금만 바꿔보자. "이야기가 듣고 싶어서 잠시 시간을 내달라고 했어요. 제 생각에 대해 김대리는 어떻게 생각하는지 들어보고 싶어요"라고 시작하면 어떨까? 상대는 방어적인 자세를 내려놓고 조금 더 자신의 이야기를 할 가능성이 높다. 그런 과정 없이 리더가 자기 할 말만 하는 순간, 팀원은 하고 싶은 이야기가 있어도 하지 않는다. 이야기가 길어지고 불편해질 것을 알기 때문이다.

3. 좋은 말도 되풀이하면 잔소리가 된다

개선을 위한 피드백에서 가장 흔히 하는 실수가 반복적으로 했던 말을 또 하는 것이다. 누군가 자신에게 같은 지적을 표현만 바꿔서 수차례 반복한다면 머릿속에는 이런 말이 맴돌 것이다. '나도 알아, 나도 알아, 나도 안다고, 제발 좀 그만해.' 실수는 지적해야 하지만 간결하게 한 번만 하는 것이 효과적이다. 했던 말을 반복적으로 지적하는 것은 대화를 주도하고 싶은 일종의 심리로 상대에게 변론의 기회를 주고 싶지 않은 마음의 표현이기도 하다. 아무리 좋은 이야기라도 같은 말을 반복하면 잔소리로 들릴 뿐이다.

4. '아차' 싶다면 당장 바로잡아라

좋은 의도로 한 말이 상대에게 상처를 주거나 감정이 격해져서 하지 않아도 될 말을 하는 경우가 생긴다. 이런 경우, 보통 그 말을 하는 순간, 하지 말았어야 하는 말이라는 것을 알아챈다. 이런 경우 즉시 사과를 하는 건 어떨까? "방금 한 말은 사과할게요. 감정적으로 이야기해서 미안합니다" 정도면 된다. 대화 중에 리더가 실수를 인정하고 빠르게 사과를 하면 팀원의 마음은 오히려 누그러진다. 대화 중에 사과하는 것을 불편해하는 사람도 있다. 하지만 현실에서 모든 리더가 모두 커뮤니케이션 기술이 다 좋을 수는 없을 뿐더러 상황에 따라 실수도 한다. 브레네 브라운 Brene Brown 의 『리더의 용기』에서는 리더가 취약성 Vulnerability 을 인정해야 한다고 제안한다. 즉, 리더가 불완전함을 인정할 때 신뢰를 쌓을 수 있다고 했다. 취약하다는 것을 인정하면 인간적이고 진실한 모습으로 비친다.

관점을 확장시키는 질문 센스

반드시 질문하자

리더는 피드백하면서 반드시 질문을 해야 한다. 질문은 사람의 생각과 마음을 알 수 있을 뿐 아니라 가르침을 위한 도구이기도 하다. 상대의 호기심을 자극하기도 하고 스스로 답을 찾을 수 있도록 돕는 효율적인 피드백 기술이기도 하다. 그렇다면 어떤 질문을 해야 효과적인 피드백이 가능한지 다음 실천 사례를 살펴보자.

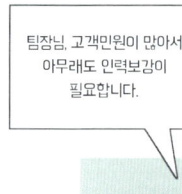

[격을 떨어뜨리는 피드백]   [격을 높이는 피드백]

질문 센스를 활용해보자

1. 상대의 의도, 생각을 제대로 파악할 수 있는 질문을 던져라

한 회사에서 있었던 일이다. 다른 팀 사람들이 보는 앞에서 자기 팀 신입사원을 혼낸 대리가 있었다. 굳이 공개된 장소에서 그렇게 화를 냈어야 할까 싶었던 팀장이 대리에게 질문 센스를 동원해 피드백을 했다. "다른 팀 팀장이 있는 자리에서 우리 팀 신입사원을 혼내는 모습을 봤습니다. 무슨 일인지 물어봐도 될까요?" 알고 보니, 신입사원이 실수를 했고 이를 다른 팀에서 문제 삼아 일이 커질 것을 염려했던 대리는 자신의 팀에서 제대로 가르칠 테니 양해해달라는 일종의 제스처로 신입사원을 나무랐던 것이었다. 만약 질문하지 않고 본 대로만 피드백했다면 진심을 알아주지 않는 리더에게 대리는 마음을 닫아버렸을지도 모른다. 이처럼 질문은 상대의 속마음을 알 수 있고, 정보를 얻을 수 있으며, 무엇보다 잘못된 피드백을 막아줄 수도 있다. 피드백을 하기 전 질문을 먼저 건네는 것은 '나도 틀릴 수 있다 I may be wrong'는 것을 인정하는 성숙한 피드백의 한 방편이다.

2. 제대로 된 질문을 통해 행동의 변화를 가져오자

마감일을 못 지켰고, 결과물의 품질도 좋지 않은 팀원이 피곤한 모습으로 힘겹게 출근하는 모습을 자주 목격한다면 그에게 어떻게 피드백하면 좋을까? 물론 한 번의 피드백으로 야근이 줄고 결과물의 수준도 높아지고, 마감일까지 딱 지켜진다면 좋겠지만 그런 기적은 쉽게 일어나지 않는다. 오히려 한 번에 하나씩 초점을 맞춘 질문으로 점진적 개선을 가져오게 하는 것이 바람직하다.

Q. 어떻게 하면 야근을 줄일 수 있을까?
A. 효율적인 시간관리를 위해 현재 하는 일 중에서 줄여야 할 것 또는 하지 않아도 되는 일은 없는지를 살펴본다. 평소 하던 일들을 재점검해 시간을 효과적으로 활용할 방법을 찾아 실행을 도울 수 있다.

Q. 어떻게 하면 결과물의 질을 높일 수 있을까?
A. 현재 과업과 본인의 역량을 점검해본다. 일하는 데 필요한 지식이나 기술이 부족하다면 교육이나 동료를 통해 도움을 받도록 한다. 또 팀원이 가진 강점을 파악해 기여할 수 있는 부분도 찾아볼 수 있다.

Q. 어떻게 하면 마감도 지키고 결과물의 수준도 높일 수 있을까?
A. 결과물의 질과 마감일은 어느 하나를 포기하는 것이 아니라 균형

감 있게 둘 다 챙겨야 하는 문제다. 일정 관리 방법을 살펴봐야 할 수도 있고, 피드백의 주기를 합의해야 할 수도 있다. 또는 포기해야 할 것과 결단해야 할 것을 탐색할 수 있다.

Q. 누구와 함께 이 문제를 풀어야 할까?

A. 문제를 함께 풀어갈 조력자를 찾아 돌파구를 마련해본다. 경영학의 구루 피터 드러커Peter F. Drucker는 말한다. "잘못된 경영 판단을 내리는 가장 흔한 실수는 올바른 질문이 무엇인지 생각하지 않으면서 올바른 답부터 구하려고 서두르기 때문이다." 초점을 맞춘 질문이 올바른 답을 구하고 행동을 바꾸는 피드백이 될 수 있다.

3. 관점을 확장하는 질문을 통해 스스로 납득할 수 있도록 하라

보완할 부분이 있는 보고서를 받았다면 어떻게 피드백하면 좋을지 생각해보자. 나의 눈높이가 아니라 사장의 관점에서 본다면 아쉽다고 느껴지는 부분이 떠오를 수 있다. 신입사원의 눈에서 본다면, 또는 고객의 관점에서 본다면 어떨지 질문을 통해 다르게 볼 수 있는 면들을 스스로 채워갈 수 있다. 물론 팀장이 보완점을 피드백해 줄 수도 있지만, 질문을 통해 스스로 보완점을 찾아낸다면 '내가 이 일을 스스로 해냈다'는 성취감이 생긴다. 피드백을 할 때 리더의 좋은 질문은 인식의 확장과 행동의 변화를 가져오는 힘이 있다. 때문에 질문은 팀원의 성장을 바라는 리더가 반드시 익혀야 한다.

이제 격을 높이는 피드백 센스가 무엇인지, 그 속에 담긴 의미가 무엇인지 파악했을 것이다. 이제 잠시 더욱 센스 있는 리더로 성장하기 위해 앞으로 해야 할 것을 정리해보자.

생각해봅시다

5가지 피드백 센스를 통해 격을 높이는 피드백은 어떻게 다른지 구체적으로 확인해보았다. 그렇다면 이제 잠시 나에게 필요한 변화는 무엇인지 생각해 보자.

Stop 해야 한다고 생각했지만, 실천하지 않은 것은 무엇인가?

Think 실천을 미루고 있는 이유는 무엇인가?

Action 지금 당장 할 수 있는 것은 무엇인가? 언제부터 어떻게 시작할 것인가?

Result 실천해본 소감은? (1개월 후 작성해 봅시다)

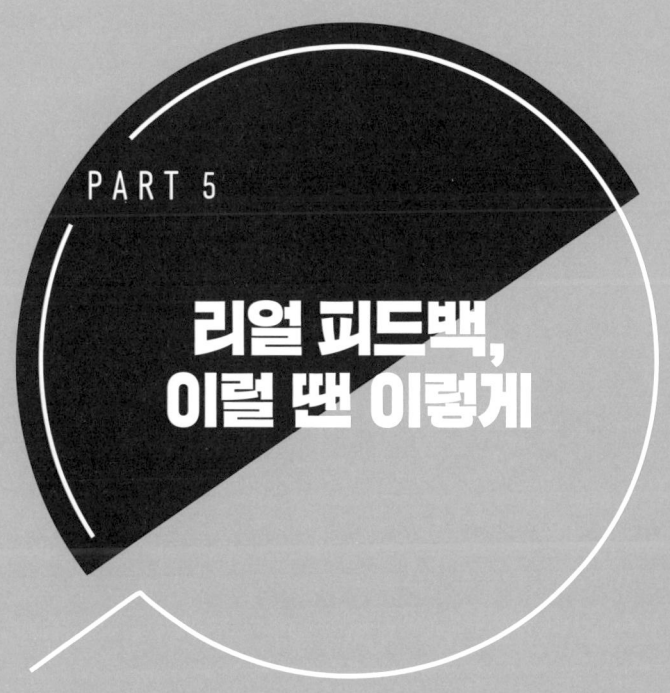

PART 5
리얼 피드백, 이럴 땐 이렇게

사람의 사고방식과 행동유형은 모두 다르다.
리더가 좀 더 효과적으로 피드백할 수 있도록
다양한 유형의 구성원을 살피고
이에 대한 피드백 방식을 알아볼 수 있다.

조직에서 사람들의 사고방식과 행동유형은 모두 다르다. 동일한 상황에서 동일한 조건을 제공하더라도 목표를 달성하는 사람이 있고, 그렇지 못한 사람이 있듯이 말이다. 팀장이 팀원에게 피드백을 완벽하게 했다고 해서 모든 팀원이 그 피드백에 감동받아 놀라운 성과를 내는 것도 아니며 태도가 바뀌는 것도 아니다. 사람은 각기 다르기 때문에 받아들이는 것도 다르다.

특히 성과도 낮고 태도 또한 불량한 구성원의 경우는 사실상 리더의 피드백만으로 변화를 촉진하기 어렵다. 때문에 조직 차원의 강력한 경고를 통해 경각심을 주거나 타 부서 전출 등의 인사 조치가 필요하다. 이러한 예외적 상황을 제외하고 리더가 피드백을 좀 더 효과적으로 하려면 어떻게 해야 할까?

피드백의 다양한 상황을 상상으로만 시뮬레이션 해본다면 실패할 위험성이 높다. '이런 상황에서는 이렇게 피드백하면 되겠지'라고 생각하는 나름의 일반화된 기준을 무참히 깨버리는 실전 상황은 언제든 발생한다. 교과서에 나오는 대로 공식을 공부했는데 응용문제에서 틀리는 상황과 비슷하다. 그럼에도 많은 사람이 공식을 배우려고 하는 것은 누구나 '이런 상황에서는 이렇게 할 수도 있겠구나'라고 도움을 받을 수 있기 때문이다. 그럼 무엇을 어떻게 배워야 할까?

CHAPTER
1

성과도 좋고 태도도 좋은 직원은 이렇게 피드백하자

성과가 높고 태도도 좋은 직원의 경우

입사 4년차인 김대리는 팀 내 성과가 가장 우수한 직원이다. 신입사원 때부터 두각을 나타냈던 그는 어떠한 일을 맡겨도 주저하지 않고 적극적으로 업무를 처리했고, 기대 이상의 결과를 가져왔다. 그래서 그에게는 더욱 다양한 업무가 주어졌고, 그러한 경험의 축적은 역량 강화로 이어져 다른 팀원에 비해 더 뛰어난 성과를 내는 고성과자가 될 수 있었다. 그러다 보니 아직 연차가 높지 않음에도 불구하고, 팀 내 중요한 업무에 선배들과 함께 어깨를 나란히 하며 핵심 멤버로 참여하게 되었다. 그는 선배들과 함께 업무를 수행하더라도 당당히 자신의 의견을 제시했고, 참신한 그의 아이디어는 업무에 늘 도움이 되었다. 이는 다시 긍정적 평가로 이어져 주변의 인정과 칭찬은 늘 그의 차지가 되었다.

그러던 어느 날, 팀장은 김대리를 호출했다. 그날도 다른 날과 다름없이 업무에 열중하고 있던 김대리는 팀장의 호출 신호에 즉각적으로 반응하며 팀장에게 다가갔다.

김대리 팀장님, 부르셨어요?
윤팀장 오늘 사장님이 지시하신 게 있는데요. 김대리가 맡아서 해볼 수 있을 거 같아요. 관심 있을까요?
김대리 (활짝 웃으며) 그럼요. 맡겨주시면 열심히 해보겠습니다.
윤팀장 그럼 잠깐 회의실에서 볼까요.
김대리 예.

회의실에서 김대리와 마주 앉은 팀장은 배경과 구체적인 상황을 자세히 설명했다. 최종 결과물의 이미지, 그리고 최종 결과물을 도출하기 위한 구체적인 실행 방안 및 이해 관계자에 대한 정보, 이해 관계자에게 어떻게 협조를 구해야 하는지에 대한 자신만의 노하우까지 설명했다. 그렇게 설명하고도 처음으로 큰 프로젝트를 단독으로 맡는 그가 혼자 해내지 못하면 어쩌나 하는 노파심에 재차 설명했던 것을 설명하고 또 설명했다.

이 정도면 알아들었을 것이라 판단한 팀장은 설명을 마치고 김대리의 얼굴을 보았다. 그의 얼굴은 무표정했고 어두웠다. 단순히 중요한 프로젝트를 단독으로 처리해야 하는 부담감 때문이라고 생각한 팀장은 그의 표정을 대수롭지 않게 생각하고 넘겼다. 그런데 며칠 후 업무 보고를 받은 팀장은 당황스러웠다. 팀장이 말한 내용이 모두 반영되어 있긴 하지만 논리적 흐름과 맥락이 맞지 않았고, 지시한 내용 이외에 참신한 아이디어는 그 어디에도 없었다. 실망을 감추지 못한 팀장의 반응에 그는 억울해했다. 시키는 대로 했는데 뭐가 문제냐고 했다. 도대체 왜 그는 평소와 다른 성과와 태도를 보이게 된 걸까?

사실 김대리는 성과도 좋고, 태도도 좋은 핵심인재다. 그는 아마 중요한 업무를 본인이 책임지고 주도적으로 일을 맡게 된 것에 고무되었을 것이다. 그런 사람에게는 일의 배경과 목적만 제시해도 충분할 수 있다. 문제가 무엇인지 그리고 바람직한 결과가 무엇인지에 대해 파악을 하면 그는 스스로 목표를 설정하고, 구체적인 계획을 수립했을 것이다. 이 과정에서 참신한 아이디어가 포함된 차별화된 결과물을 만들고, 스스로 평가하고 점검한 후 보고를 했을 것이다. 그런데 팀장은 그를 위해 시시콜콜하게 피드백을 주었다. 팀장의 친절한 가이드가 오히려 그에게는 자신을 믿고 맡기지 않는 것으로 보였을 수 있다. 어쩌면 '이럴 거면 팀장님이 직접 하지 왜 나한테 시키지?'라고 속으로 투덜거리고 있을지도 모른다.

성과가 좋은 직원은 이렇게 피드백하자

1. 동기부여를 먼저 하자

지금까지 그가 보여온 성과에 대해 언급해 구체적으로 어떤 부분이 뛰어났는지 인정하고 칭찬하자. 특히 수행해야 할 과업과 관련해 필요한 역량이 있다면 과거에 그가 보여주었던 성과와 태도 중 이번 과업에서 다시 보여주었으면 하는 사례를 구체적으로 언급하며 자신감을 북돋아주는 것이 좋다.

2. 업무 지시는 일의 배경과 목적을 중심으로 하자

이미 정해진 목표가 있다면 제시해도 좋다. 그러나 목표가 없는 상태라면 상의해서 합의하는 수준이면 충분하다. 사안에 따라 스스로 도전적 목표를 세울 수 있도록 권한을 위임하는 것이 필요하다.

3. 노하우를 전수하지 말고, 질문을 요청하자

팀장이 지금까지 쌓은 노하우를 전수하고 싶더라도 원하지 않는 정보와 방법을 제시하는 것은 간섭처럼 느껴질 수도 있다. 노파심이 든다면 질문을 받자. 추가적인 정보나 도움이 필요하다면 질문을 통해서 정보나 도움을 요구할 것이다.

4. 지원 사항을 확인하고 도전의식을 부여하자

마지막 단계로 지원 사항이 있는지 확인한다. '믿고 맡기니 잘해보세요'라는 태도보다는 '믿고 맡기니 도움이 필요하면 언제든 요청하세요'가 더 든든하다. 자신을 믿어주는 사람이 있으면 그 도전은 즐겁다. 성과가 높고, 태도 또한 좋은 팀원은 다양한 성공 경험을 가지고 있을 뿐만 아니라 스스로 가치를 창출하는 능력을 보유하고 있다. 이런 팀원에게는 일의 목적과 방향만 제시해도 스스로 창의적인 아이디어를 탐색해 차별화된 성과를 만들어낼 수 있다. 팀장이 자신의 아이디어를 제시하고 상세히 방법을 알려주는 친절은 오히려 상대의 흥미를 떨어뜨린다. 믿고 있고 지지하고 있음을 보여주고 도움이 필요할 때 언제든 도움을 받을 수 있다는 것만 알려줘도 충분하다.

성과와 태도가 우수한 중간관리자의 경우

미래전략팀으로 부임한 강팀장은 그동안 전략팀 1파트의 파트장을 맡고 있는 현차장과의 면담을 앞두고 있다. 전략팀에 온 지 한 달, 갑작스러운 이동 발령으로 강팀장은 아직 업무 파악 중이다. 구성원들을 대상으로 면담하려고 마음은 먹었지만 실천하지 못하고 있는 상황에서 현차장이 먼저 메일로 면담을 요청해왔다. 현차장은 전략팀의 에이스로 다양한 유형의 프로젝트를 빈틈없이 이끌며 관리해오고 있다. 탁월한 성과로 동기들에 비해 빨리 승진했으며, 후배들의 이야기를 공감하며 들어주기 때문에 따르는 후배들이 많다.

현차장은 프로젝트 수에 비해 인력이 부족하고 일정이 모자란다며 회의를 요청했다. 이럴 경우, 강팀장은 현차장에게 어떻게 피드백하면 좋을까? 현차장은 빈틈없고 꼼꼼한 프로젝트 관리 능력에 더해 다양한 전략을 분석할 수 있는 전문성을 보유하고 있고 구성원들과 소통도 원활하다. 성과와 태도가 모두 우수한 중간관리자에게는 이렇게 피드백해보자.

중간관리자에게는 이렇게 피드백하자

1. 먼저 파트장이 되기까지의 일과 사람관리 역량을 인정한다

그가 성과가 뛰어나기 때문에 빠른 승진이 이루어졌음을 인정한다. 이때 일상적으로 하는 말로 느끼지 않도록 가능한 구체적으로 최근 3개월 내 관찰한 긍정적 성과 및 태도에 대해 언급하는 것이 필요하다.

2. 타 조직과의 협업을 이끌어내는 것이 중요함을 알려준다

책임자가 된다는 것은 담당하는 업무에 더해 구성원 관리뿐 아니라, 유관 부서와 협업을 이끌어내는 것, 조직 간 관계 관리도 중요하며 앞으로 이 부분이 중간관리자로서 조직 내에서 평가받을 영역임을 알릴 필요가 있다. 다만 팀 내 지원 업무가 한쪽으로 치우치지 않도록 팀장으로서 조율 역할을 할 것을 약속한다. 또한 협력이 팀의 전체 성과라는 점을 강조하고, 팀장으로서 현차장에게 기대하는 것을 구체적으로 언급한다.

3. 구체적으로 도움을 준다

당면한 실질적 문제를 제거해 일에 몰입할 수 있도록 구체적인 도움을 준다. 인력 부족 문제는 팀장의 개입이 필요한 부분이다. 이를 해결하기 위해 소속 임원에게 보고 후 인력 충원에 적극적으로 나설 것임을 분명히 해야 한다.

CHAPTER
2

성과는 낮지만 태도가 좋은 직원은 이렇게 피드백하자

성과는 낮지만 태도가 좋은 직원의 경우

이대리는 마케팅팀에 입사한 지 올해로 4년차다. 신입사원 때부터 선배들에게 인사도 잘하고 부서의 궂은 일도 묵묵히 한다. 그런데 업무적으로 맞물리면 힘들다는 이야기가 들린다. 평소에 열심히 하는 것 같은데 성과는 그에 못 미친다. 그는 보고서 디자인, 도식, 그래프를 화려하게 꾸미는 것은 잘하지만 논리와 내용은 부실할 때가 많다. 최근에는 그의 부족한 부분을 메꾸느라 다른 팀원이 야근을 한다는 소리까지 나온다. 그러던 도중 영업팀 박차장의 전화를 한 통 받았다. '이대리에게 신제품 브로슈어에 대해 문의했는데 일주일째 회신이 없다'는 내용이었다. 박차장의 문의사항은 메일로 간단히 답변할 수 있는 건이었다. 당신은 '이대리가 다른 부서의 요청사항을 뭉개고 있는 게 아닐까' 하는 걱정이 됐다. 팀장은 이대리에게 어떻게 피드백을 해야 할까?

지식, 기술, 업무 태도를 구분해 피드백하자

저자들이 진행한 「피드백 관련 직장인 설문조사」 중 리더가 어떤 피드백을 해주기를 원하는지 조사한 결과, '업무 중심의 구체적 방법론 제시'가 53.7%로 가장 높게 나타났다. 업무 중심의 방법을 제시하기 위해서는 지식Knowledge, 기술Skill, 업무 태도Attitude에 맞춰 피드백을 해야 한다.

이 경우, 이대리가 성과를 내지 못하는 이유가 정확히 어느 부분에 있는지를 살펴볼 필요가 있다. 본인은 열심히 하고 있다고 생각하면서 정작 무엇이 문제인지 모르는 경우가 태반이다. 따라서 팀장은 부족한 부분에 대해 분명한 피드백을 해줘야 한다. 고객과 트렌드에 대한 지식이 부족하다면, "주 고객층의 소비패턴이 변화하고 있는데 그 부분에 대한 정보가 부족해서 과거의 데이터로 채워진 것 같네요"와 같이 구체적으로 개선해야 할 부분을 알려준다. 이럴 경우, 해당 자료를 학습할 수 있도록 해야 한다. 교육을 받을 수도 있고, 책이나 영상 등을 통해 빠르게 지식을 채워갈 수 있도록 효율적인 방법을 제시해보자.

데이터 분석 기술이 부족하다면, "데이터의 양이 많으므로, 업데이트된 시스템을 능숙하게 다룰 수 있어야 빠른 분석이 가능할 것 같습니다. 시스템을 사용하는 방법을 더 익혀야 하겠네요"라고 해보자. 기술 문제라면 팀 내에서 데이터 분석에 탁월한 직원을 통해 노하우를 배우고 반복적으로 연습할 수 있도록 조치해야 한다.

업무 태도에 개선이 필요하다면, "신제품을 알리기 위한 브로슈어는 회사 차원에서도 중요한 일인데요. 영업팀의 요청에 빠른 답변을 해주세요. 마케팅 방향성에 대해 이메일 회신을 하면 됩니다. 우선순위를 정할 때 고객 중심으로 해주세요. 그리고 완벽하지 않아도 급한 일은 빠르게 처리해주면 좋겠어요." 이처럼 행동에 대한 비난이 아니라 나의 행동이 마케팅팀뿐 아니라 회사에 어떤 영향을 미치는지에 대해서 생각할 수 있게 해야 한다.

성실하지만 일하는 방법을 모르는 팀원의 경우

기획과의 김주무관은 성실한 근태는 물론 청렴한 행동으로 타 직원들의 모범이 되고 있다. 또한 주변 사람들을 밝게 만들고, 조직 내 긍정 에너지의 중심이 되고 있다. 민원인을 만나서도 적극 행정을 실천하고자 하는 의지가 높아, 주변에서 많은 칭찬을 받아온 직원이다. 하지만 작년 기획과에 발령이 난 이후 본인의 역할을 잘 이행하지 못하고 있다. 기획과 특성상 기획 문서를 만드는 일이 많은데, 현업에서 민원 중심의 일을 수행하다 보니 문서 작성이 서툴기 때문이었다. 그는 논리, 구조, 디자인, 기획력 등 모든 부분에서 공직 수행 기간에 비해 많이 부족한 문서를 작성하고 있다.

김주무관은 남들보다 많은 시간을 투입하고, 아침부터 밤까지 계속 보고서를 작성하지만 보고서를 접한 팀장은 매번 질책을 하게 된다. 그동안 우수한 태도로 본보기가 되는 훌륭한 공직자였지만 계속 질책을 받으니 주눅도 들고 본인 스스로 업무가 맞는지에 대해 고민을 하게 되었다. 이런 상황에서 김주무관의 팀장은 어떻게 피드백하면 좋을지 생각해보자.

70:20:10 피드백을 시도해보자

김주무관에게는 업무 차원에서의 육성이 필요하다. 그에게는 현업, 상호작용, 교육 3가지 측면에서 피드백이 필요하다. 조직 구성원의 성장 및 학습은 70% 현업 업무, 20% 다른 사람과의 상호작용, 10% 교육(온오프) 제공을 통해 이루어진다고 한다. 피드백도 이러한 차원에서 접근하는 것이 좋다.

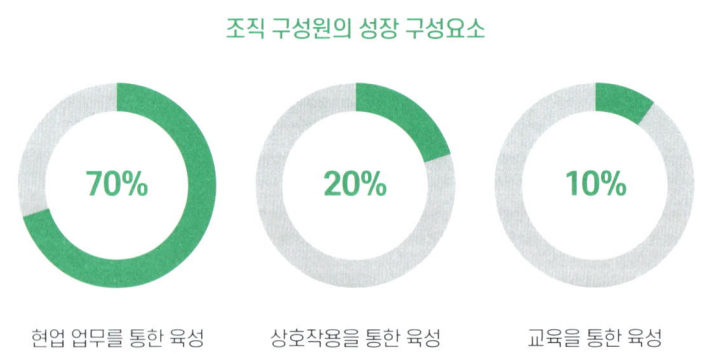

1. 현업 업무 피드백이 필요하다

조직 내에서 역량 개발의 70%는 현업에서 이루어진다. 기획과의 업무에 대부분을 차지하는 기획 문서 작성에 대해 현업 내에서 경험이 필요하다. 김주무관의 경우 역량이나 성과가 나지 않는다면, 현업의 경험이 부족해서일 가능성이 높다. 성과가 나지 않는다고, 결과물이 좋지 않다고, 업무에서 반복적으로 배제한다면 결국에는 기획 분야에서 영원히 성과를 내지 못할 것이다. 그래서 그에게는 기획 관련 업무를 적극 부여하고, 참여하게 한 후 피드백할 필요가 있다.

태도가 좋은 직원의 경우, 새로운 업무나 도전적인 업무에 대해 긍정적인 사고로 적극적으로 임할 가능성이 있다. 공동 TFT 형태로 업무를 수행할 기회가 생기면 김주무관에게 배정하는 것이 필요하다. 팀장은 이 업무를 통해 역량 향상이 가능한지, 새롭게 배운 것들을 통해 기획 문서 작성 성과 향상에 도움이 될지를 명확하게 설명하고 업무를 추진해야 한다. 이를 통해 김주무관은 본인이 노력해야 할 부분을 깨닫게 될 것이다. 업무에 관련한 구체적인 피드백은 다른 직원들보다 더 자주, 구체적으로 하는 것이 좋다.

박팀장 김주무관이 이번 역량평가제도 만족도 조사 기획 업무에 참여해보시면 좋을 것 같습니다. 이 업무를 통해 기획 문서 작성 역량도 향상시키고, 조사 방법론 설계 같은 전문 분야를 경험해보는 것도 좋을 듯합니다.

김주무관 예, 알겠습니다. 다만 제가 기획 문서 경험이 부족해서 잘할 수 있을지 걱정이 됩니다.

박팀장 하다 보면 역량도 향상되고, 계속 나아질 겁니다. 그 대신 어느 정도 기획이 완성될 때까지 피드백을 더 자주 받으시는

게 좋을 것 같습니다. 2주에 한 번씩은 저랑 이야기하는 시간을 가지면 어떨까요?

김주무관 예. 그렇게 하겠습니다.

2. 다른 사람과 상호 작용을 통해 육성한다

도움이 필요한 경우는 다른 사람을 통해 학습이 이뤄지도록 지원해야 한다. 가장 먼저 팀장이 피드백을 해주는 역할을 맡는다. 앞의 사례에서도 김주무관이 기획 업무 향상을 위해 배치된 업무에서 가져오는 결과물에 대해 구체적으로, 실무적으로 업무가 향상될 수 있도록 지속적으로 피드백한다.

난도가 있는 업무를 수행하는 직원에게는 이전보다 많은 시간을 피드백에 집중한다. 본인의 역량 개발에 도움이 될 업무에 투입된 직원에게 주기적인 피드백 약속을 잡고, 팀장이 직접 구성원과의 상호작용을 통해 학습이 이루어지고 성과가 향상되게 한다. 그리고 팀장 혼자만 역할을 하는 것이 아니라, 조직 구성원들도 김주무관을 지원하게 한다. 다른 사람을 통한 상호작용은 상사나 책임자 만의 일은 아니다. 동료 또는 부하 직원이 관련 업무에 대해 더 많은 전문성과 경험을 가지고 있다면 팀장은 서로 피드백하면서 일할 수 있도록 배치하면 된다.

박팀장 김주무관, 역량평가제도 만족도 조사 기획 업무를 하시면서 어려운 점은 없나요?

김주무관 역량평가제도는 처음 접하는 제도라 혼자 하기에 어려운 부분이 있습니다.

박팀장 이주무관이 전에 역량평가제도 설계에 관여했으니, 같이 프로젝트를 하면 좋을 것 같습니다. 이주무관에게 실무적인 피드백을 받으면서 문서를 완성해나가시고, 결과가 나올 때마다 같이 회의하시면 어떨까요.

김주무관 감사합니다. 큰 도움이 될 것 같습니다. 서로 보완해서 완성해 나가겠습니다.

3. 다양한 교육을 통해 육성을 지원한다

팀장은 구성원에게 필요한 교육이 무엇인지 찾아서 피드백한다. 보통 역량이나 성과가 부족한 직원은 현업에서도 학습하고, 다른 사람의 도움을 통해서도 육성되지만 다양한 교육을 통해 역량 향상이 가능하다. 교육은 단순히 집합 교육에 한정하는 것이 아니라 온라인 교육, 마이크로러닝, 자료, 매뉴얼 Job-aid 벤치마킹도 가능하다. 팀장은 구성원에게 필요한 다양한 교육과 육성 솔루션을 사전에 찾아 제안하고 면담을 통해 지속적으로 피드백한다. 이처럼 현업에서 충분한 기회를 주면서 더 구체적으로 자주 하는 피드백이 필요하다. 마지막에는 다양한 교육을 적극적으로 지원해주며, 그 교육이 끝난 이후 역량을 계속 향상시키도록 지속적으로 피드백한다.

박팀장 김주무관, 금번 기획 업무를 하면서 부족하거나, 어려운 점은 없으세요?

김주무관 이주무관이 많이 도와준 덕에 기획이 구체화되고 있는데, 아무래도 타 기관 정보가 부족합니다.

박팀장 그럼 외부 교육기관의 역량평가제도 설계 과정을 수강하시는 것은 어떨까요? 필요하시면 벤치마킹을 요청해서 다녀오면 좋을 것 같습니다. 타 기관의 기획 문서도 볼 수 있고 업무 역량 향상에 도움이 됩니다.

김주무관 예. 좋은 생각인 것 같습니다. 온라인 과정도 찾아서 신청해 보겠습니다!

실적은 나쁘지만 사람이 좋은 영업팀 대리의 경우

공채로 입사한 영업팀 조대리는 6년 동안 단 한 번도 지각한 적 없는 모범 사원이다. 언제나 주위 동료들을 세심하게 잘 챙겨서 사내에 좋은 사람이라는 인식과 평판을 받고 있다. 이런 평가를 받는 조대리지만 실적은 수년째 하위 30%로 팀의 성과를 저해하는 안타까운 팀원이다. 팀장은 조대리를 바라보면 안타깝고 때론 불편하다. 근면하고 성실한 태도를 갖추었기에 곧 좋은 성과를 낼 것이라 믿고 기다린 지 벌써 3년째다. 심지어 올해 배치된 조대리 후배들이 더 좋은 실적과 성과를 나타내기 시작했다. 이런 상황에서 조대리 또한 고민하는 모습을 보이고, 술자리에서 동료들에게 "정말 열심히 하는데 성과가 나지 않아 속상합니다"라는 푸념을 한다는 이야기도 들려왔다. 이런 상황에서 팀장은 어떻게 피드백을 해야 할까?

행위관찰자귀인편향Actor-observer Bias은 어떤 사건이 발생했을 때 그 원인을 환경적 요인이나 특수한 외부 요인에서 찾지 않고, 개인의 기질이나 성격 등 내적 요인에서 찾으려고 하는 경향을 말한다. 그 결과 사건에서 사람이 미치는 영향을 과대평가하고, 상대적으로 외부 요인과 상황적인 논리를 과소평가하게 된다. 조직 내 문제직원을 아무리 가르쳐도 변화하지 않는 이유는 무엇일까? 다음 공식은 한 개인의 성과와 그의 능력 동기 자원에 대한 함수다. 이 중의 하나라도 결함이 있다면 성과는 낮아진다.

┌ 내적귀인 ┐   외적귀인

$$f(A \cdot M \cdot R) = P$$

Ability   Motivation   Resource   Performance
역량   동기   환경   성과

먼저 조대리에게 부족한 것은 무엇인지 살펴볼 필요가 있다. 성과를 내기 위한 역량$_{Ability}$은 어느 정도인지, 역량을 활용하고자 하는 동기$_{Motivation}$가 높은지, 마지막으로 그것이 활용되는 환경$_{Resource}$까지 살핀다. 조대리가 평소 근면하고 성실한 태도를 보이는 것에 반해 성과가 나오지 않는 것이 조대리의 역량 부족 때문인지, 외적인 환경 문제인지를 확인할 필요가 있다. 더 나아가 평소 보이는 성실한 태도가 업무에서도 나타나는지 확인이 필요하다.

김팀장 근면한 업무 태도와 성실함은 그 누구에게도 뒤지지 않는다고 생각해요. 다만 부진한 실적이 계속되고 있는데 그 이유가 무엇이라고 생각하나요?

조대리 최선을 다해 제 업무를 하고 있다고 자부합니다. 하지만 업무

량이 다른 직원들보다 훨씬 많아 집중하기 어렵습니다.

부족한 요인을 채워주는 피드백을 하자

먼저 질문을 통해 조대리가 스스로 부족하다고 생각하는 요인이 무엇인지 확인해야 한다. 여기서 역량과 동기의 경우 조대리의 개인적인 특성을 담고 있는 내적귀인요소지만 환경은 회사와 업무 상황과 같이 외적인 요소로 귀인한다. 조대리의 답변과 평소 동료들에게 "열심히 하고 있지만, 성과가 나지 않아 속상하다"라는 이야기를 하는 점에서 볼 때 환경을 저성과의 요인으로 생각하고 있다.

김팀장 알다시피 매년 전년도 실적과 업무량을 기반으로 담당 지역을 할당하고 있어요. 업무의 양이 1/N으로 모두 똑같다고 할 수는 없겠지만 다른 동료들과 비슷할 거라 생각되는데요.

조대리 전년도까지는 제가 담당했던 지역에 큰 이슈가 없었으나 제가 담당한 후 물류 문제가 지속해서 발생해 전 담당자 대비 업무량이 대폭 증가했습니다. 지난주에도 계속 야근을 했던 것이 그런 이유입니다.

이런 경우, 가능하면 객관적 수치를 함께 제공하며 피드백에 접근하는 것이 바람직하다. 하지만 팀장이 냉철하게 바라보았을 때 환경적 요인이 아닐 경우 다음과 같은 문제가 발생한다.

김팀장 지난 주에 많이 고생했다는 것을 알아요. 그래서 조대리와 팀원들의 대응으로 잘 해결되었다고 봅니다. 그렇지만 저는 물류 문제를 사전에 확인하고 예방하는 것도 담당자의 역할이라고 생각해요.

조대리 물류 관련해서는 유통본부에서 담당하고 있어 이런 부분까지 모두 신경 쓰며 업무를 한다면 영업에 집중하기가 어려울 것으로 생각합니다. 이런 부분이 제도적으로 개선될 수 없을까요?

지금 팀장은 조대리의 저성과 원인을 내적귀인요소인 역량과 동기로 바라보고, 조대리는 외적귀인요소인 환경을 저성과 원인으로 바라보고 있다. 이런 경우 피드백은 결코 쉽지 않다.

김팀장 현장에서 많은 어려움이 있지만 그건 다른 동료들도 마찬가지입니다. 제도적으로 개선될 방법을 더 찾아볼게요. 괜찮다면 이번 주 금요일에 김과장의 업무 스타일을 참고할 수 있도록 협업을 해보면 어떨까요? 평소에도 업무 관련해 자주 이야기 나누는 것 같던데 괜찮다면 제가 김과장에겐 이야기해두겠습니다.

조대리 예. 저도 김과장님께 많이 배우고 있었는데요. 김과장님이 불편하지 않으시다면 부탁하겠습니다. 감사합니다.

조대리의 낮은 성과가 능력의 문제라고 판단되는 경우 훈련이나 현장코치와 같은 대안을 제시하고 동기 문제라면 칭찬이나 격려를 통해 적절한 동기부여를 함으로써 개선할 수 있다. 그리고 자원의 문제라면 확충이 필요하다. 이렇게 조직에서 특정 현상이 발생할 때 그 요인을 리더와 팔로어는 각각 다른 시선 다른 요인으로 바라보고 판단할 수 있다. 하지만 이런 경우 문제의 본질에 접근하지 못하게 하며 이로 인해 잘못된 피드백을 하게 만든다. 다름이 무엇인지 판단하고 같은 관점을 제시하는 피드백이 중요하다.

CHAPTER
3

성과는 좋지만 태도가 나쁜 직원은 이렇게 피드백하자

성과는 높지만 태도가 나쁜 직원의 경우

전략기획팀의 박팀장에게는 골치 아픈 직원이 있다. 바로 팀의 차선임자인 김차장이다. 김차장은 눈치가 빠르고 일에 대한 욕심도 있어서 주어진 일에 대해서는 그 누구보다 책임감을 가지고 업무를 추진한다. 일머리도 뛰어나서 어려운 업무도 믿고 맡길 수 있는 존재다. 일명 일 잘하는 사람, 즉 '일잘러'다.

타 부서 팀장   김차장이 빠릿빠릿하게 일 잘하는데 뭐가 문제야? 배부른 소리 하지 마.

박팀장   그럼 너희 팀 송과장이랑 바꿀까? 그 친구 아직 성과를 내기에 추진력이 부족하다고 했잖아. 김차장은 바로 너희 팀에 투입되도 성과를 낼 거야.

타 부서 팀장 아냐. 송과장이 그래도 후배들을 잘 챙기니까… 됐어.

김차장은 팀장에게도 잘하고, 업무적으로 엮이지 않은 동료들과의 관계도 괜찮은 편이다. 문제는 후배와의 관계였다. 김차장은 주니어 시절에 혹독한 팀장 밑에서 훈련을 받았다. 그는 같이 일하던 다른 팀원들이 힘들어서 팀을 옮기거나, 퇴사할 때에도 꿋꿋하게 견디며 자신의 입지를 다졌다. 이를 발판으로 그는 항상 인정을 받았다. 따라서 자신이 실력을 쌓을 수 있었던 성공 요인을 주니어 시절에 받았던 혹독한 훈련이라고 믿고 후배들을 다그친다.

2년 전 팀의 중간라인이 필요해서 수소문하던 중 영업팀에서 성과가 좋은 김차장이 관심을 가진다는 소식을 듣고 해당 팀장에게 보내줄 수 있는지 물었다. 일을 잘한다고 들었기에 거절할 줄 알았지만, 의외로 흔쾌히 보내준다고 해서 의외라고 생각했다. 결국 김차장이 전략기획팀으로 온 이후 그의 스파르타식 훈육을 견디지 못하고 퇴사하는 직원이 나왔고, 후임으로 다른 팀에서 온 사원도 원래 팀으로 돌아가고 싶다고 면담을 요청했다.

시대가 바뀌었으니, 후배와 커뮤니케이션하는 방식을 바꿔달라는 팀장의 요청에도 여전히 "요즘 직원들은 더 강하게 키워야 한다. 언젠가는 자신의 방식을 고마워할 것이다"라며 자신의 방법을 고수한다. 팀장은 이런 김차장에게 어떻게 피드백을 해야 할지 고민이다.

업무적으로는 탁월하지만, 후배들과 커뮤니케이션을 잘하지 못하는 직원은 현실에서 가장 많이 존재하는 유형 중 하나다. '일잘러'로 구분

되어 상사에게 인정을 받아 팀장으로 성장할 가능성이 크지만, 준비가 되지 않은 상태에서 리더가 되어 팀원들과 자신에게 많은 문제를 일으킨다. 김차장은 오히려 팀장이 되기 전에 자신의 위험 요인을 확인했고 리더십 훈련을 할 좋은 기회를 얻었다. 그렇다면 이렇게 '후배와 커뮤니케이션을 못 하는 직원'에게는 어떻게 피드백을 해야 할까?

사실 기반의 아이 메시지 피드백

우선 김차장에게 피드백할 객관적인 정보를 확인해야 하는데 이를 위해서는 그와 함께 일하는 동료들에게 사실 확인이 필요하다. 이 과정에서 김차장과의 커뮤니케이션 방식의 긍정적인 사항도 확인해야 한다. 추후 진행할 면담에서 부정적인 사항만 피드백한다면 실패할 확률이 높다. 그리고 후배들의 입을 통해서 긍정적인 면을 확인하면, 그들도 다시 한번 김차장의 긍정적인 역할을 인식하는 효과를 주기도 한다.

후배들이 그에 대해 부정적으로 생각하는 사항은 구체적으로 어떤 것인지 면밀히 확인하자. 그의 말투인지, 빡빡한 스케줄 관리인지, 헌신을 강요하는 스타일인지 알아야 명확한 피드백을 할 수 있다. 준비가 되었다면 김차장과 면담을 진행한다. 구성원들을 통해 객관적인 문제를 잘 확인하고도 상대방을 질책하는 방식으로 이야기하면 다음과 같은 상황을 만날 수 있다.

박팀장 김차장이 후배들한테 뭐라고 하니까 팀원들이 힘들어서 나간다고 하잖아요. 몇 번을 이야기했는데, 도대체 왜 그러는 거죠? 그래서 팀장 될 수 있겠어요?

김차장 일을 제대로 해야죠. 지금 저렇게 정신 못 차리면 나중에 애들이 성장할 수 있겠어요? 그리고 저 팀장 자리 생각하고 후배들 가르치는 거 아니에요.

면담은 객관적인 사실을 기반으로 진행하되 '저는 이렇게 생각해요. 그리고 구성원들은 이렇게 느끼고 있습니다'라는 아이 메시지I Message 화법으로 이야기해야 한다. 위와 같이 '당신은'으로 시작하는 유 메시지You Message 화법을 사용하면 '당신은 항상 이렇다. 이런 것도 제대로 못한다'와 같이 문제를 일반화시켜서 상대를 공격하고 비난하거나 무시하는 말을 하게 되기 쉽다. 듣는 사람도 이런 공격적인 이야기를 들으면 반발감이 들어서 상대가 전하고자 하는 메시지에 집중하지 않고, 자기보호기제를 작동하게 된다. 아이 메시지 화법은 상대방에 대한 비난을 피하면서 자신의 솔직한 감정을 전달하는 대화법이다. 일반적으로 상대방의 행동, 그에 따른 결과, 나의 감정과 반응을 이야기한다.

대화 방법을 바꾸자

박팀장 김차장이 후배들의 성장을 위해서 힘써주고 있는 것을 잘 압니다. 그런데 팀원들이 힘들어서 퇴사한다고 하니 팀장으로서 이 상황을 어떻게 풀어야 하나 고민이 많아요. 또 지금의 이런 문제들이 나중에 김차장이 팀장이 되는데 흠결이 될까 봐 걱정이 되기도 합니다.

위와 같이 피드백하면 팀장의 솔직한 감정이 표현되기 때문에 공격과 비난으로 느껴지지 않는다. 김차장도 '나를 이해하지 못하는 팀장'에게 서운해하기보다는 '나로 인해 이런 고민이 있었구나' 하는 마음으로 자신의 태도에 대해 한 번 더 고민하게 된다.

일은 잘하지만 상사를 우습게 아는 팀원의 경우

이과장은 무엇을 해도 잘난 척이다. 세상에서 자신이 제일 잘났다. 공채 1기 출신 김팀장은 나름대로 조직 내의 엘리트다. 신규 사업을 새롭게 맡았을 때도, 주위의 기대가 컸다. '일잘러'로 소문난 이과장과 함께라고 생각하니 든든하기까지 했다. 그런데 팀을 맡은 지 3개월째에 접어든 오늘 이과장의 태도에 뿔이 난 팀장은 급기야 폭발하고 말았다.

김팀장 지금 이 사업을 잘하는 건 좋은데, 보고하고 해야 하지 않나요. 매일 영업한다고 나갔다가 퇴근 시간 직전에 들어오면 어떡합니까. 쭉 지켜봤는데 너무하네요.
이과장 팀장님. 저희 부서는 성과가 중요한 것 아닌가요? 지금 저희 부서에서 영업 성과를 누가 내고 있습니까? 법인카드 아껴가며 영업해왔는데 많이 섭섭하네요.

지금 이과장이 하는 말이 틀린 말이 아니라는 것을 김팀장도 알고 있다. 물론 팀의 영업성과는 중요하다. 하지만 3개월 동안 영업 사전 보고와 상황에 대해 공유를 하지 않으니 팀장 입장에서는 답답하기만 하다. 게다가 사사건건 대드는 듯한 태도 또한 기분 나쁘다. 일을 잘하는 것도 중요하지만 이를 뒷받침하는 기본적인 태도도 필요하다. 이런 팀원을 성과만 잘 낸다고 무조건 인정해야 하는지 아니면 계속 그대로 두어야 하는지 고민이 크다. 팀장으로서 어떤 조치라도 빨리 취해야 한다는 조급함마저 든다.

태도가 좋지 않은 경우는 참 난감하다. 주의하라고 경고해도 잘 변하지 않고, 대답은 하지만 잘 따라오지도 않는다. 습관처럼 생긴 나쁜 태도는 여러 사람을 피곤하게 한다. 성과를 내는 것이 중요하니 당연하다 싶다가도, 전체를 이끌어가야 하는 팀장으로서 한계에 부딪히는 느낌을 종종 받는다. 이런 행동은 고쳤으면 한다고 말하면, 그에 대응하는 말을 받아친다. 성과를 내기 때문에 근태는 엉망이어도 좋다고 생각하는 팀원에게는 어떻게 피드백해야 할까?

태도가 문제 있는 직원에게 피드백하는 경우

직원의 태도를 언급해야 하는 상황에서는 팀장의 생각 정리가 필요하다. 지금까지 팀장으로서 성과만 중시한 것은 아닌지, 성과로 인해서 태도 부분은 묵인하고 인정해준 것은 아닌지 돌이켜봐야 한다. 팀장의 행동을 암묵적인 인정으로 판단한 팀원은 성과를 내면 태도는 좋지 않아도 된다고 생각하는 사건들을 상당히 많이 겪었을 것이다. 그러한 일들을 먼저 기억해내야 한다.

그다음 의도적으로 피드백할 것을 정한다. 지금까지 용인한 태도에 대해서 기준을 정해서 알려줘야 한다. 눈앞에서 반박하는 직원을 대하는 게 어렵다면 이메일을 이용해서 전체 팀원에게 공식적으로 선포한다. 예를 들면, '조직문화 개선을 위한 프로젝트 수행 관련 — 우리는 이렇게 합니다'라고 공식적으로 선언해 자신의 행동이 해당 기준을 따르지 않는다면 조직의 성장에 위배되고 있음을 인지할 수 있도록 해야 한다.

태도가 안 좋아진 데는 또 다른 이유가 있을 수 있다. 성과 대비 그에 적절한 대우가 이루어지지 않았던 것일 수 있으니 비공식적인 자리에서 속마음을 물어보는 것도 좋다. 처음부터 태도가 안 좋았다면 일도 성공하지 못했을 것이다. 성과를 잘 내는데 태도가 엉망인 사람은 나름의 이유가 있을 수 있다. 지속적으로 성과를 내고, 좋은 태도를 회복할 수 있도록 구체적인 대안을 제시해보자.

김팀장 이과장은 입사 3년차인데, 상당히 실적이 좋아요. 그런데 실적에 비해 승진이 느린 편이군요.

이과장 우리 회사는 성과에 따른 인정을 안 해줍니다. 부서 실적에서 40%나 성과를 올렸는데 성과평가 프로세스가 엉망이에요. 하긴 이전 팀장님도 인정해주지 않았는데, 누가 인정해주겠습니까?

김팀장 성과가 승진에 반영되지 않아 속상했겠군요. 성과가 승진에 반영될 수 있도록 이과장의 실적을 정리할게요. 그리고 이과장이 주변 평판 관리에 신경을 써줬으면 좋겠어요. 업무를 진행할 때 동료들이 불편해하지 않도록 배려해주고, 상황을 긍정적으로 해석하는 모습을 보여줬으면 해요.

이과장의 태도가 하루아침에 변화되기는 어렵다. 하지만 왜 이렇게 변했는지 그러한 상황을 돌이켜보고 개선을 요구하는 피드백을 명확히 하는 것이 필요하다.

일은 잘하지만 평이 좋지 않은 팀원에 대한 피드백

지난 달, 조직개편을 통해 이동해온 송과장은 일을 잘하는 것으로 정평이 나 있다. 우리 본부의 임원인 김본부장은 그를 절대적으로 신뢰하고 있었다. 그러나 동료들 사이에서 송과장에 대한 평판은 그리 좋지 않다. 올해 역량평가에 새로 도입된 동료평가 설문에서 송과장은 하위 5%에 해당하는 결과를 받았다. 송과장은 팀장과의 일대일 면담에서 분을 참지 못하는 듯이 심경을 토로했다.

송과장 팀장님, 김본부장님은 오히려 저에게 다른 직원들을 잘 가르치라고 하셨다구요. 정말 본부 역량 수준이 경쟁사보다 얼마나 떨어지는지 아세요? 정작 본인들은 제대로 할 줄 아는 게 하나도 없으면서 저를 너무 시기하고 있는 건 아닌가요?

몇 년 전, 송과장은 누구나 이름만 들으면 알 수 있는 국내 굴지의 대기업에서 이곳으로 이직했다. 회사의 성장을 이끌 수 있는 적임자라 판단해 김본부장이 송과장을 직접 스카우트한 것이다. 그는 현 직장의 각종 제도와 시스템이 낙후되었다고 판단하고 있었고 동료들의 역량이나 수준이 자신보다 높지 않다고 생각하고 있었다. 그의 이런 생각은 자신도 모르게 동료들에게 언어로 표출되곤 했다. 언제부터인가 송과장은 사무실에서 타 부서 팀원들과 설전이 잦아졌으며, 여러 사람이 참조로 들어가 있는 메일에서도 강하게 따지는 어조로 회신을 했다. 그의 지적이 틀린 것만은 아니었다. 하지만 마치 정글에서 먹이를 찾는 맹수와 같은 그의 태도에 다들 눈치 보며 피하는 분위기였고, 아무도 그의 말을 깊이 새겨듣지 않게 되었다. 어느덧 그는 동료들과 협업이나 조화가 어려운 스타일이라고 소문이 나, 결국 아무도 그와 함께 일하기를 원치 않았다.

송과장의 경우 상사에게 성과에 관련된 칭찬만 들어왔기 때문에, 동료들이 자기를 어떻게 생각해왔는지에 대한 정보가 없거나 특별히 신경을 쓰지 않아도 회사 생활에 큰 문제가 없었을 것이다. 항상 성과평가에서 최고 등급을 받아왔던 송과장은 자신에 대한 주변 동료들의 냉정한 평가를 인정하기 쉽지 않다. 그는 팀장 후보군으로 성장하고 싶었지만, 정작 자신의 평판에 대해서 진지하게 생각할 기회가 많지 않았다. 이처럼 일은 잘하지만 동료에 대한 태도가 좋지 않을 때 어떻게 피드백을 해야 할까?

송과장을 둘러싼 환경에 어떤 구조적 문제가 있는지 살펴보자. 김본부장은 아마도 송과장을 통해 조직 구성원들이 자극을 받게 하려는 메기효과(정체된 생태계에 메기 같은 강력한 경쟁자가 나타나면 개체들이 생존을 위해 활력을 띄게 되는 현상을 말하며 주로 경영학에서 비유적으로 사용됨)를 노렸을 수 있다. 그는 조직의 성과를 우선순위로 생각한 나머지, 주변 동료들의 생각을 사실적으로 피드백하지 않았다. 김본부장의 이러한 행동은 송과장의 눈을 가리고 성장을 가로막은 전형적인 경우다.

송과장은 상사의 굳건한 신뢰를 바탕으로 자만한 나머지, 동료들이 자신을 어떻게 바라보는지에 대해 크게 신경쓰지 않은 것으로 보인다. 성과를 내기 위해서 사소한 반발은 당연히 따르는 것이라고 여겨왔을 수 있다. 조직의 성장을 위한 자신의 마음과 행동을 주변 동료들이나 상사들이 어느 정도는 이해해줄 것이라 여기며 성과로 보여주겠다는 마음이 앞섰을 수도 있다. 하지만 자신에 대한 명확하고 객관적인 인식에 있어서는 부족한 면을 보였다. 안타깝게도 피드백 이후에도 송과장은 현재 자신의 상황을 받아들이지 못하고 있는 것으로 보인다. 성과도 좋으면서 태도까지 훌륭한 리더가 되기 위해서는 그의 성장을 가로막는 행동의 개선이 필요하다.

개인 성향이 강한 팀원의 피드백

저자들이 실시한 「피드백 관련 직장인 설문조사」 결과에 따르면, 피드백이 가장 어려운 유형은 '개인 성향이 강한 경우'로 조사되었다. 이러한 경우는 개인 성향을 사전에 철저하게 파악한 후 피드백하는 것이 필요하다. 그리고 팀원과의 피드백에 앞서 '팩트 수집'을 해야 한다. 팩트 수집은 구성원 육성에 대한 관심을 기반으로, 조직의 핵심가치 혹은 핵심역량에 부합하는 행동을 평소에 사실 기반으로 관찰해 기록해두는 절차다. 구성원들이 자신의 행동에 대해 매번 정확하게 판단하기란 불가능하다. 팀장은 한 발 물러선 입장에서 바라보며 의도하지 않은 실수들을 반복하지 않도록 도와주는 것이 중요하다. 따라서 팀장은 관찰을 통한 객관적인 사실을 바탕으로 구성원이 스스로 인식하지 못했던 부정적인 행동에 대한 교정적 피드백을 해야 한다.

송과장의 행동 개선을 위해서는 자기인식이 선행되어야 한다. 자기인식을 바탕으로 스스로 개선에 대한 의지가 충분히 보일 때, 상사의 피드백이 의미 있게 받아들여질 수 있다. 객관적 피드백을 통해 구성원들이 자기인식의 길로 들어설 수 있도록 독려해보자. 이때, 행여라도 그런 행동의 원인이 사람의 기질이나 본성에 기인한 것이라고 판단하는 것은 위험하다. 옳고 그름을 판단할 것이 아니라 성장을 돕기 위해 객관적 관점을 기반으로 피드백하자.

구성원이 소속 팀원들이나 특정 팀원과 트러블이 잦은 상황에서는 상대방에 대한 이해를 도울 수 있는 진단도구를 사용해보자. 시중에 나와 있는 성격진단 도구인 DiSC, 강점진단, VIA 테스트, MBTI, 버크만 진단 등이 여기에 속한다. 진단을 통해 드러난 개인의 성격유형과 행동유형을 이해하고, 서로 타인의 입장에서 이해를 구하도록 피드백의 방향을 이끌어보는 것도 좋다. 기초 수준으로라도 좋으니, 처음 팀장이 되었다면 시중에 나와 있는 다양한 진단도구를 해석하는 방법을 배우는 교육에 참석해보자. 팀장에게는 매우 좋은 팀 운영 도구가 될 수 있다.

구성원이 '자기인식'의 길에 들어가 개선의 의지를 보인다면, 그는 그동안 자신이 갇혀 있던 터널을 스스로 깨고 나오는 용기 있는 사람이다. 터널에 갇힌 사람은 눈앞의 목표는 잘 보지만, 주변을 보지 못하고 타인을 잘 알아차리지 못한다. 어떤 일에 너무 열중해서 주변 상황을 판단하지 못하고 있었던 구성원이라면, 자기인식의 과정이 스스로 알을 깨고 나오는 성장과 도약의 계기가 될 수도 있으므로 칭찬과 독려가 필요하다.

세대 특성을 감안한 피드백을 하자

MZ세대가 오고 있다

어제는 X세대 차장이 이끄는 프로젝트 중간 리뷰 미팅이 있었다. 특히 이 건은 팀의 하반기 성과에 미치는 영향이 크다. 프로젝트 멤버를 구성할 때도 가장 유능한 Y세대 과장, 열정이 넘치는 Z세대 신입사원을 배정했다. X세대 차장이 잘할 것이라 믿었지만 어제 회의 때 확인해보니 완성도가 기대에 한참 못 미친다. X세대 차장은 프로젝트 시작할 때 보였던 의욕이 꺾인 듯 보였고, Y세대 과장과 Z세대 사원도 불만이 있어 보인다. 이대로 두었다가는 전체 프로젝트의 수준뿐 아니라 마감일을 제대로 지킬 수 있을지 걱정이 된다. 팀장은 이들을 개별적으로 만나 이야기를 들어보고, 피드백을 할 생각이다. 먼저 팀장은 프로젝트 리더인 X세대 차장과 면담을 하기로 했다.

유형 1: X세대 구성원과의 피드백

김팀장 어제 프로젝트 중간 리뷰 잘 들었습니다. 프로젝트 점검이 필요한 것 같아 만나자고 했어요. 제가 현재 상황을 제대로 알아야 도움을 드릴 수 있을 것 같아요. 이번 프로젝트를 진행하면서 잘되고 있는 점도 있고 힘든 점도 있을 것 같은데요.

X차장 요즘 팀원들 사이에서 스트레스를 받다 보니 일이 제대로 안 풀리는 것 같아요. 조금만 더 주도적으로 해주면 좋겠는데 시킨 일 외에 더 하려고 하지 않아요. 일하다 보면 누군가의 일이라기 애매한 것들이 발생하는데 팀원들은 한계를 정하고 그것만 하려고 해요. 프로젝트 멤버들끼리 친해져야 일이 더 잘되니까 처음엔 농담도 하고, 회식도 하자고 했어요. 그런데 별로 좋아하는 것 같지도 않고 분위기가 나아지는 것 같지 않더라구요. 이젠 괜히 농담 한마디 잘못했다가 꼰대라고 욕 먹을까 봐 꼭 필요한 말 외에는 잘 안 하게 됩니다. Y세대 과장이나 Z세대 사원은 요즘 세대들이다 보니 툭 터놓고 편하게 이야기하기 참 어렵네요.

김팀장 주인 의식을 가져주면 좋을 텐데 마음과 달라 힘드셨겠어요.

X차장 예전엔 프로젝트 하면서 힘들면 같이 술도 마시고 화나는 일도 얘기하면서 더 끈끈해지곤 했는데 요즘은 노하우를 전수하고 싶어도 '라떼는 말이야'로 들릴까 봐 안 하게 됩니다.

김팀장 저도 공감이 갑니다.

X차장 퇴근 시간은 칼같이 지키고, 프로젝트 중간에 휴가를 써도 이

유를 묻기가 눈치 보이니 상전을 모시고 일하는 것 같다는 느낌입니다. 프로젝트 중간에 긴급하게 해결해야 할 일도 생기기 때문에 주말에 메시지를 보내기도 했는데, 몇 시간씩 지나서야 답을 해요. 어떤 경우는 아예 월요일에 출근해서 무슨 일이 있었냐고 하는 경우도 있어요. 이런 일이 누적되다 보니 저도 짜증이 나고 의욕이 떨어집니다.

구성원이 X세대일 경우는 스스로 문제의 원인과 이유를 찾아갈 수 있도록 한다. 구체적인 방법을 팀장이 제시하기보다 고민을 충분히 들어주고 공감해주는 것이 더 효과적이다. 자신이 이해받고 있다고 생각하면 스스로 다시 방법을 찾을 것이다.

성공 경험, 간접 경험으로 X세대 효능감을 높인다

김팀장 작년에 진행했던 프로젝트가 굉장히 성공적이었지요. 당시 멤버들 중에 Y세대와 Z세대도 있었는데 호흡을 맞춰서 프로젝트를 잘 끝낼 수 있었던 주 요인은 무엇이었을까요?

X차장 제가 잘 아는 분야기도 했고, 운도 좋았습니다. 함께하는 멤버들과 호흡도 잘 맞았고요. 그땐 제가 뭔가를 알려주면 멤버들이 잘 받아들였습니다. 그래서 더 알려주고 싶은 마음이 들었고 프로젝트 팀 분위기가 좋으니 결과도 좋았죠.

김팀장 제가 관찰했던 점을 이야기해도 될까요? 프로젝트가 진행될 때 저도 몇 차례 미팅을 참관했던 적이 있어요. 당시 X차장이 프로젝트의 전체적인 큰 그림을 먼저 설명해주고, 각자의 역할이 전체 맥락에서 어떻게 서로 시너지가 나는지 짚어주었던 점이 인상적이었어요. 중간중간 리뷰 미팅 때도 멤버의 특장점을 잘 파악해서 분명하게 짚어주고, 그것을 극대화할 수 있는 방안에 대해 같이 고민하는 모습도 좋았어요. 특히 정기적인 리뷰 미팅을 통해 서로가 잘하고 있는 점을 배우게 하는 점도 특별해 보였습니다.

X세대 구성원이 과거 성공했던 긍정적 경험을 상기할 수 있도록 해주고, 그것이 가능했던 이유, 발휘된 강점 등을 피드백한다. 할 수 없는 이유와 현재의 어려움에 갇혀 있지 않고 자신의 가능성과 저력을 확인할 수 있도록 해줄 때 스스로 회복하는 힘이 생긴다.

유형 2: Y세대 구성원과의 피드백

김팀장 Y과장, 지금 진행하고 있는 프로젝트는 어때요? X차장이 Y과장을 많이 칭찬하던데요.

Y과장 많이 배우고 있고요. 함께하는 Z사원에게도 도움을 많이 받고 있습니다.

김팀장 다행이네요. 지금 Y과장이 함께하고 있는 프로젝트가 정말 중요하거든요. 그래서 우리 팀에서도 실력이 뛰어난 Y과장이

	TF팀에 합류하게 된 겁니다.
Y과장	그런가요? 그 부분은 미처 몰랐습니다.
김팀장	지금 하는 프로젝트는 새로운 사업의 기반을 다지는 것과 같아요. 이번 프로젝트가 잘 추진되지 않는다면 내년에 시작하려고 하는 A, B, C프로젝트를 시작하는 것 자체가 어려워질 수도 있습니다. 그래서 이번 프로젝트가 우리 팀의 하반기 성과에도 큰 영향을 미칠 뿐 아니라 내년도 사업계획 전반까지 영향을 미친다는 것을 알아줬으면 해요.
Y과장	내년 A프로젝트와 연관되는 것까지는 알고 있었는데 B, C프로젝트까지 연결되는 것은 미처 알지 못했습니다.
김팀장	이 프로젝트가 중요한 만큼, 믿고 기대하는 Y과장에게 업무를 줬다고 생각해주면 좋을 것 같아요. 좋은 성과가 있다면 그만큼 Y과장에게도 좋은 기회가 올 거예요.
Y과장	예. 감사합니다.

일의 결과만을 피드백하기보다 프로젝트의 배경과 상황을 먼저 설명해 일의 가치를 발견할 수 있도록 피드백한다. 피드백 상황에서 일의 배경과 상황을 이야기하는 것으로 시작해 이유와 목적 그리고 진행과정 그리고 기대하는 결과에 대해 피드백을 해줌으로써 자신이 하는 일의 가치를 발견할 수 있도록 이끌어주는 것이 효과적이다. 그리고 Y세대는 조직과 개인을 별개로 두며 조직이 아닌 자신을 중심으로 두는 '나나나 세대'의 특징을 보인다. 때문에 일의 이유와 목적, 조직의 비전과 개인의 비전을 연계하고 합치시킬 수 있는 피드백이 필요하다.

문제 상황을 이해하고 당사자의 관점을
중심으로 한 메시지 전달

김팀장 어제 X차장에게 프로젝트 진척상황을 보고받았어요. 그런데 예상했던 것보다 프로젝트 진도도 느리고 완성도도 떨어지던데 혹시 프로젝트 진행에 특별한 문제가 있나요?

Y과장 업무적으로 말인가요?

김팀장 꼭 업무적인 내용이 아니어도 괜찮습니다. 도움이 필요한 부분이 있다면 편하게 이야기해주세요.

Y과장 어려운 점보다는 근래 제 고민이 있습니다. X차장은 제 상사이고 프로젝트 리더라 같이 업무를 하며 조심스러울 때가 많습니다. 그런데 Z사원은 소위 말하는 요즘 세대라 그런지 가끔 깜짝 놀랄 정도로 표현이 솔직하기도 하고, 특정 부분들에 대해서는 민감하게 받아들여 조심스러운 부분도 있고요. 최근에 '낀 세대'라는 표현을 들었는데 딱 지금 제 상황이 그렇습니다. 마치 샌드위치 사이에 낀 양상추와 같이 존재감 없이 숨이 죽어서 늘어진 느낌입니다.

김팀장 Y과장이 고민이 많았군요. Y과장이 낀 세대가 아니라 X차장과 Z사원을 연결하는 교량 역할을 하고 있다고 생각해주세요. 이번 프로젝트의 중심축을 담당하고 있다고 생각해주면 좋겠습니다.

Y과장 교량과 중심, 그렇게 생각할 수도 있겠네요. X차장과 Z사원의 중간에서 신경 쓸 게 많다고 고민했는데 팀장님 말씀처럼 관

점을 바꿔서 이번 프로젝트가 잘 진행될 수 있도록 더 노력하겠습니다.

Y세대를 표현하는 정의 중에 마이사이더Mysider라는 단어가 있다. '나를 중심으로 하는 사람'을 가리키는 말로 자신의 취향과 욕구에 집중하는 이들로, 나다움을 고민하고 자아를 깊이 들여다보는 특징이 있다. 모든 가치척도의 기준을 스스로 세우고 따르는 것이 Y세대의 특징이다. 자신의 관점을 중심으로 프로젝트에 어떤 기여를 하고 있는지, 앞으로 자신의 성장에 어떤 유익이 있는지 피드백을 받게 되면 존중받는다는 인식과 함께 피드백의 수용성을 높일 수 있다.

유형 3: Z세대 구성원과의 피드백

마지막으로 나 팀장은 프로젝트 막내인 Z사원을 면담하기로 했다.

김팀장 요즘 프로젝트 수행은 어때요?
Z사원 잘 진행되는 것 같습니다.
김팀장 요즘 프로젝트 진도도 다소 느려진 것 같고, 완성도도 아쉬운데 어려운 점은 없나요?
Z사원 막내인 제가 잘 못해서 그렇습니다. 더 열심히 배워서 잘 해보겠습니다.
김팀장 누가 잘하고 못하고의 문제는 아닌 것 같아요. 일하면서 어려운 점을 말해주세요. 팀장으로서 최대한 지원하겠습니다.

Z사원 제가 사원이다 보니, 구체적인 업무 추진 방향도 잘 모르는데 알아서 하라고 맡겨놓으시면 바로바로 수행하기가 어려운 점이 있습니다. 보다 구체적으로 할 일과 방법을 위에서 알려주시면 좋을 것 같습니다. 그리고 같이 일하는데 막내여서 그런지 가끔 제가 제외된 상태에서 보고가 끝나 저는 그 결과를 나중에 알게 되는 경우가 많습니다. 그럴 때마다 제가 과연 이 조직에 기여하고 있는가에 대해 의문이 생겨서 의욕이 급감하기도 합니다.

김팀장 지금 말한 사항들은 제가 고민해서 어떻게 정리해야 할지 빠른 시일 안에 알려드리겠습니다. 고민거리가 있을 때는 팀장이라 어려울 수도 있지만, 제게 이야기해주세요. 저도 자주 대화할 시간을 가지도록 할게요.

피드백을 하기 전에 새로운 세대에 대한 열린 마음으로 사실을 경청한다. Z세대에게 피드백을 하기 위한 첫걸음은 편견 없는 경청이다. 대부분의 리더는 경청한다 하지만 자신만의 프레임 속에서 상대방을 판단할 가능성이 크다. 결국 자신이 평소 하고 싶었던 말을 하게 되고, 그러면 상대방은 이야기를 멈추게 된다. 그래서 다른 세대, 특히 세대 차이가 크게 나는 세대와의 대화는 침묵을 수반한 경청이 필요하다. 흔히 리더가 대화할 때 80%는 듣고, 20%만 말하라고 한다. 경청을 제대로 하려면 자기가 말하는 시간을 측정해보고, 상대방의 이야기를 듣는 시간도 실제로 측정해보는 것이 필요하다.

Z세대와의 피드백 시작은 경청의 시간을 늘려가는 것부터 시작하자. 경청만 한다고 피드백이 완성되는 건 아니지만, 우선 열린 마음으로 다른 세대의 이야기를 듣고, 생각을 정리해보는 시간을 가져야 한다. 나이 차이가 스무 살 가까이 나는 팀원의 생각을 바로바로 받아들이고 피드백하는 것이 다소 어려울 수 있다. 이런 경우 1차 면담에서는 상대방이 이야기하고자하는 요지만 파악하고, 이후 충분히 생각할 시간을 가진 후 다시 이야기를 시작하는 것이 좋다. 그것이 상대방에게 더 강한 신뢰를 주는 첫걸음이 될 것이다. 프로젝트에 대해서 구체적이고 실질적으로 피드백한 다음 X세와 Y세대의 담당자에게 이해할 수 있도록 알려준다.

김팀장 지난번에 이야기했던 프로젝트에 관련해서 같이 이야기 나눠볼까요?

Z사원 예.

김팀장 일전에 두 가지를 이야기했죠. 보다 구체적인 피드백을 필요로 한다고 했고, 보다 투명한 공유를 원한다고 했었지요. 오늘은 프로젝트가 잘될 수 있도록 이야기를 나눠보고자 해요. 피드백 관련 사항은 X차장하고도 이야기했습니다. X차장도 그렇고 저도 그렇고 신입사원부터 스스로 혼자 해내는 방식으로 업무를 배워서 구체적인 업무 피드백이 다소 익숙하지 않아요. 이 부분에 대해서는 X차장과 충분히 이야기를 나누었고, 지금보다 더 구체적으로 무엇을 해야 할지, 어떻게 해야 할지 Z사원과 충분히 논의하고 일을 시작하자고 합의했습니다.

Z사원 X차장님이 너무 바빠 보여서 물어보기를 머뭇거렸던 것 같습니다. 저도 먼저 구체적인 업무 방법을 여쭤보겠습니다.

김팀장 예. 앞으로는 X차장이 아무리 바빠도 시간을 내서 피드백을 해줄 겁니다. 그리고 업무 공유는 보고 방법을 바꾸면 해결될 것 같습니다. 앞으로 프로젝트 회의는 다 공개하고, 참석하고 싶은 사람은 언제나 자유롭게 참가하도록 개선하려고 합니다. 아마도 Z사원이 바쁠까 봐 본인들끼리 빨리빨리 해결하려 했던 것으로 이해가 됩니다. 그래서 회의 프로세스를 바꾸도록 하겠습니다. 프로젝트 구성원이라면 프로젝트 전체를 알 필요가 있으니까요. 단 업무가 바쁘거나, 참석하지 않아도 괜찮은 회의에는 참석 안 해도 되도록 회의 프로세스를 변경하겠습니다.

Z사원 예. 회의 안건, 시간만 매번 공지해주셔도 전체 프로젝트 진행 상황도 알게 되고, 저도 프로젝트 구성원으로 참여가 가능할 것 같습니다. 제가 말한 것을 깊이 고민해주셔서 감사합니다.

김팀장 서로 다른 세대가 모여 진행하는 프로젝트이니 서로에 대한 이해가 가장 필요할 것 같습니다. Z사원도 X차장과 Y과장이 하는 행동이 왜 그럴까 이해를 먼저 해주시고, 이해가 안 될 경우 저에게 언제든지 물어봐주세요. 대화하다 보면 서로를 이해하고 최적의 방향을 찾을 수 있을 거예요.

Z세대에게 피드백하기 위한 다음 단계는 세대 간의 깊은 이해를 바탕으로 하는 구체적인 피드백이다. Z세대는 업무를 수행하면서 무엇

What과 어떻게How를 기존 세대보다 더 요구한다. 그런 요구에 맞추어 무엇을 해야 하고, 어떻게 하는지에 대해 구체적인 피드백을 할 필요가 있다. Z세대는 공정한 피드백을 더 원하고 있다. 투명하고 공정한 문화는 팀장이 스스로 조성해야 하고, 조직문화에 변화를 주어야 한다. 그래서 피드백을 주기 전에 조직문화 개선의 방법을 고민하고, 그것이 실천 가능하다면 그 개선 결과를 중심으로 피드백해주는 것이 좋다.

 Z세대에 대한 이해를 X세대와 Y세대만 열심히 해야 하는 것이 아니다. Z세대도 다른 세대를 이해할 수 있도록 피드백하는 것이 필요하다. Z세대도 다른 세대에 대해 잘 모르고 있는 것도 있고 이 때문에 조직 내에서 필요 없는 오해와 갈등이 생길 수 있다. 그런 부분을 사전에 방지하기 위해 팀장은 Z세대에게도 X세대와 Y세대가 어떤 생각을 가지고 있는지에 대해 진솔하게 피드백할 필요가 있다.

어려운 상황에서의 피드백은 이렇게 하자

직급역전 현상이 일어난 상황

팀장이 갑작스럽게 타 부서로 이동하게 되면서 김차장이 팀장 자리를 맡게 되었다. 팀장의 부재를 채워야 하는 김팀장의 어깨가 무겁다. 특히 자신보다 열 살이나 많은 박차장을 어떻게 대해야 할지 걱정이 앞선다. 이전 팀장 밑에서 함께 일할 때에도 박차장과 미묘한 감정이 있었던 데다 이번에 팀장 자리를 두고 서로 경쟁을 해서 그런지 불편하기만 하다. 박차장이 차선임자로 팀장이 되는 수순이었는데 자신이 팀장이 된 이후 견제하는 듯한 박차장의 눈빛이 김팀장을 더욱 부담스럽게 한다.

김팀장 차장님, 저번에 고객사에 가서 영업 제안을 하고 오셨는데 결과가 어떻게 됐나요? 부자재 1만 개를 구매한다고 하던가요?

박차장 고객사에서 필요로 하는 부분은 제가 다 알아서 제안했습니다. 구매 확정은 아니지만 추진되면 보고드리겠습니다. 그런데 팀장님, 혹시 제가 매일 보고를 드려야 하는 건가요? 그리고 이런 경우 말로 해도 되나요? 아님 문서로 해야 하나요? 두 번이나 물어보셔서요.

'보고는 당연한 거 아니야? 두 번 안 물어보도록 미리미리 보고해야지'라는 말이 바로 입술까지 올라왔다 다시 꿀꺽 삼켜본다. 대화가 깔끔하게 끝나지 않아서 마음이 불편하다. 그 후 일주일이 지났지만 박차장은 아직 보고도 없고 특별한 성과도 나오지 않았다. 박차장은 부서 영업을 리드하는 사람으로 전략을 세우고 고객사 방문을 주도적으로 해야 한다. 하지만 고객사를 방문하는 것에 비해 성과가 없는 것을 보니, 특별한 전략이 없고 수동적인 영업방식에 머물러 있는 것처럼 보인다. 영업 전략에 대해서 개선방안을 이야기하면 방어적인 대응만 한다. 은근히 자신을 무시하는 듯한 태도를 보이는 박차장에게 김팀장은 어떻게 피드백을 해야 할까?

직급역전 팀원과의 피드백

구성원에게 업무와 태도에 대해 피드백하는 것 자체가 쉬운 일은 아니다. 그리고 자신보다 나이가 많은 구성원은 존재만으로도 부담이다. 특히 자기가 승진해서 갈 자리에 후배가 올라간 모습을 보는 것도 서로 편하지 않을 것이다. 업무성과를 올리면서도 관계 개선까지 할 수 있는 피드백 방법을 알아보자.

1. 직급역전 상황에 대한 개인적 어려움을 공감한다

자신보다 나이 어린 상사에게 보고하는 일은 쉽지 않다. 자신이 팀장이 되어야 하는 상황이었는데 밀렸다고 생각하면 더욱 억울할 것이다. 다시 전처럼 일하고 싶지만 사사건건 불만일 수 있다. 따라서 직급역전 상황에 대해 불편할 수 있는 박차장의 마음을 개인적인 자리를 통해 공감하는 시간을 마련해보자.

> **김팀장** 저는 차장님보다 업무 경력이 짧습니다. 팀장이 되어 부담스러운 부분도 있습니다. 차장님께서 저로 인해 불편하실 수도 있을 듯합니다. 저는 차장님 노하우를 배우고 싶습니다. 앞으로 많이 알려주십시오.

2. 업무 가이드라인 안에서 자율적으로 일할 수 있도록 포용적 관리를 한다

노하우가 충분한 팀원이라면 허용되는 범위 안에서는 믿고 맡겨보자. 그리고 믿고 맡긴다는 것을 말로 표현해보자.

김팀장 이번 프로젝트는 10월 1일까지입니다. 프로젝트매니저(PM)는 차장님이시니 제안서와 예산 안에서 차장님의 역량을 마음껏 보여주세요. 혹시 도와드릴 부분이 있으시면 언제든 알려주세요.

3. 보고와 공유에 대해서는 확실하고 구체적으로 피드백하자

박차장의 경우 주도적으로 업무를 하는 사람이다. 하지만 결과물이 나오기 전까지 보고를 기다리다가는 팀장 입장에서 기다림에 지칠 수 있다. 보고할 수 있는 일정과 양식을 미리 정해두고 서로 합의하는 것이 필요하다.

김팀장 영업결과는 메일로 첨부한 양식으로 공유를 부탁드립니다. 제가 놓치는 부분이 있을 수 있으니 저를 포함한 모든 부서원에게 서로 공유하도록 하겠습니다.

직급역전 상황은 여전히 서로 불편하다. 이런 상황에 대해서 상대방에게 자신만의 기준으로 행동을 바란다면 관계가 어려워지며 성과도 나오지 않는다. 따라서 팀장은 해당 구성원을 인정하고 권한을 위임하는 것이 좋다. 단, 결과 공유에 대한 방법과 절차는 구체적으로 피드백해주어야 한다. 이를 통해 관계 개선 및 성과를 올릴 수 있는 기초적인 토대를 마련한다.

연중 상시 피드백이 되지 않은 상황에서의 피드백

　해외영업팀 김팀장은 연말이 가장 힘들다. 성과평가와 이를 위한 면담을 해야 하기 때문이다. 연중에 성과평가를 위한 면담을 했으면 좋았으련만, 팀장을 비롯해서 팀원들의 해외출장이 잦다 보니 한두 달씩 서로 보지 못하는 경우도 생겨서 정기적인 면담을 하지 못했다. 올해도 이런저런 핑계 때문에 구성원들과 성과면담을 연중에 하지 못한 상황에서 연말이 성큼 와버렸다. 성과평가는 상대평가 형식으로 등급이 할당되다 보니, 열 명의 팀원 중에 두 명에게는 어쩔 수 없이 하위고과가 주어진다. 예전에는 승진 시기가 된 선배에게 좋은 고과를 몰아주는 게 당연하게 생각되었지만, 요새는 그런 이야기는 꺼내기조차 힘들다. 하위고과를 줘야 하는 팀원과 면담할 생각을 하면 휴가라도 써서 이 순간을 모면하고 싶은 마음뿐이다. 김팀장은 지금이라도 할 수 있는 방법이 뭘까 고민하기 시작했다.

하위 성과평가자를 위한 피드백

　성과평가는 팀장에게 항상 골치 아픈 숙제다. 특히 상대평가 시스템을 활용하고 있는 회사에서는 팀 성과가 아무리 좋다고 하더라도 누군가는 좋지 않은 고과를 받아야만 하는 구조적인 문제를 가지고 있다. 팀원들은 누구나 '자신이 하위고과에 해당하지는 않겠지'라는 생각을 가지고 있기에 실제로 하위고과자들과 면담하는 것은 쉽지 않다. 특히

나 상시 피드백을 통해 실적 점검이 이루어지지 않았다면 더욱 어려운 일이다. 이렇게 연중 상시 피드백이 되지 않은 상황에서 하위고과 대상자에게 하지 말아야 하는 피드백과 바람직한 피드백을 각각 알아보자.

1. 팀장으로서의 책임을 회피하지 않는다

보통 팀장이 1차 평가를 하고, 상위 조직장이 2차 평가를 해서 합산하는 경우가 있는데, 이런 경우 2차 평가자에게 책임을 전가하는 경우가 있다. 예를 들면 "나는 좋은 평가를 줬는데, 위에서 바꿨나 봅니다. 저도 이렇게 나올 줄 몰랐습니다"라고 말하기도 한다. 아예 인사평가제도를 탓하거나, 인사부서를 탓하기도 한다. "팀 실적이 좋은데 평가제도에 문제가 있지요. 열심히 해도 누군가 하위고과를 받아야 하니까 말입니다." 아예 책임을 다른 곳으로 넘기는 피드백은 보통 지키지 못할 약속으로 이어지기도 한다. "내년에는 실장님께 미리 이야기해서 좋은 고과를 받도록 해볼게요." 성과평가의 목적이 단순히 평가등급의 결정과 통보가 아니라 성과실적을 확인하고, 달성하지 못했다면 그 원인을 찾아서 성장하도록 하는 데에 있음을 생각한다면 이런 피드백은 성과에 아무런 도움이 되지 않는다. 이렇게 면담을 진행한다면 팀원에게도 '책임감 없는 팀장'으로 인식되어 리더십을 인정받기 어렵다.

2. 간결하고 객관적인 근거를 제시해 피드백한다

비록 연중에 상시 피드백을 통해서 성과관리를 하지 못했지만, 연말 성과평가 면담에는 객관적인 근거를 마련해야 한다. 연중 진행한 프로젝트와 성과, 보고서, 팀 공헌 활동, 기타 회사 규정상 필요한 교육 등의 수행 등 객관화할 수 있는 모든 것들을 수집해서 면담을 준비한다. 이 때 하위고과 대상자들의 평가결과만 근거로 준비한다면 오히려 역풍을 맞을 수 있기에 전 팀원의 성과평가에 대한 근거를 모두 준비해두는 것이 바람직하다. 객관성을 확보하기 위해 각자의 업무 수행 성과를 정리해서 공유하는 시간을 가지는 것도 방법이다. 각자 자신의 목표 달성 여부 및 정도, 개선된 사항, 긍정적인 면과 아쉬운 점 등에 대해서 공유하는 것이다. 이에 대해 팀원들이 서로의 성과에 대해서 평가하도록 하고 이를 활용해도 좋다. 만약 팀장이 생각했던 평가와 다르다면, 구성원들이 바라보는 관점을 성과평가에 참고할 수 있다. 그러나 아무리 객관적인 근거를 제시한다고 해도, 자신의 기대와 전혀 다른 결과를 통보받는 경우에 팀원은 감정적으로 대응할 수 있다. 감정적으로 동의하지 못하는 팀원과의 면담은 최대한 간결하게 끝내는 것이 좋다. 객관적인 사실과 평가 기준 위주로 설명하고 간단히 상대의 감정을 읽어주어야 한다. 그리고 내년도 목표, 실천계획 등은 어느 정도 감정을 다스린 이후에 진행해도 늦지 않다.

3. 연중에 정기적인 피드백 시간을 만들자

한 해 내내 피드백하지 않고 있다가 연말에 하위고과를 알려주는 경우, 아무리 객관적인 결과를 제시하더라도 팀원의 입장에서 서운한 것은 당연하다. 성과평가의 수용성을 높이기 위해서는 연초에 명확하게 목표를 설정하고 이를 구성원과 합의하는 과정을 거쳐야 한다. 그 이후 수시 면담을 통해 설정한 목표와 현재 수준을 진단하고 목표 달성을 돕기 위한 피드백을 자주 하는 것이 필요하다. 많은 팀장들이 연초에는 수시 면담을 잘하겠다고 다짐하지만 발등에 불이 떨어지고 나서 뒤늦게 후회하는 경우가 많다. 팀원의 성과를 확인하고 정확한 방향으로 가고 있는지 점검하고, 적절한 피드백을 주는 것은 팀장의 중요한 역할이다. 이후에는 팀장 스스로 상시 피드백의 중요성은 인식하고 팀원들과도 정기적인 피드백 미팅을 실시해보자.

CHAPTER
6

비대면 근무 환경에서의 피드백은 이렇게 하자

온라인 회의가 비효율적으로 진행될 때

최근 비대면 미팅이 급격히 많아졌다. 미처 이러한 상황을 준비하지 못하고, 비대면 회의나 협력을 주관하면서 팀장들의 애로사항이 많다. 김팀장도 마찬가지다. 지금 해당 팀원들뿐만 아니라 다른 팀과도 협업해서 기획안을 제출해야 하는데 비대면 회의로 업무가 매끄럽지 못하고, 구성원의 몰입과 참여가 저조한 상황이다. 특히 팀원 중에 까칠한 박차장은 온라인 회의 때마다 다른 참석자의 의견이나 어려움에 훈수만 두고 있다. 그때마다 다른 참석자들과 소통이 단절되고 회의는 이상한 방향으로 흘러가고 만다. 회의 주관자로서 힘든 경우가 많지만 비대면 상황이기 때문에 정확하게 피드백하기 어려울 때가 많다.

먼저 비대면 회의에서 어떻게 하면 참여하는 동료들의 몰입과 참여도를 높일 수 있을지 고민해봐야 한다. 우선 비대면 환경 자체가 대면 환경보다는 참여자들의 집중도 및 참여도가 떨어질 수밖에 없는 환경임을 인지해야 한다. 개개인의 성향과 행동에 주안점을 두기보다는 시스템적으로 비대면 회의나 협력에 대한 개선 방향을 모색하는 것이 필요하다.

비대면 상황에서의 회의 진행에 대해 정해진 룰을 만들고, 그것을 체크하면서 공유한다. 그라운드 룰은 회의에 참석하는 구성원들이 서로가 더 나은 회의를 위해 함께 지켜보고자 정하는 규칙이다. 규칙을 정하는 것부터 함께 고민하고 결정한다면 동료들의 참여도는 자연스럽게 높아질 것이다. 룰을 함께 정하고 공지했음에도 따르지 않을 경우에는 정확한 메시지를 해당 인원에게 전달해야 한다. 불편한 감정과 애매한 표현으로 메시지를 주는 것보다 사실을 근거로 피드백해 개선을 요구해야 한다.

- 온라인 회의 전에 비대면 회의 시스템에서 자신의 영상과 음성 상태를 각자 확인해 참석한다.
- 회의 안건은 정보공유/결정사항/논의사항 등으로 구분해 각자의 역할과 더불어 사전에 공유한다.
- 회의 진행 중 모든 참석자의 영상은 on, 음성은 off로 시작하고, 발언하는 사람만 음성 on으로 변경한다.
- 회의는 정해진 시간에 시작하고 지각에 대해서는 페널티를 명확히 한다.
- 한 번에 하나의 주제를 안건에 따라 논의하고, 다음 주제로 넘어간다.
- 질문은 발표를 마친 뒤에 한꺼번에 하며, 어떠한 질문도 환영한다.

- 질문은 상호 존중을 기반으로 하고, 비난이나 비방은 금지한다.

온라인 회의 툴을 사용해 참여자의 몰입과 참여도를 높인다

비대면 상황에서는 집중력을 높이기 어렵다. 리더가 장시간 회의를 혼자 주관하면 참석자들이 피로를 느끼기도 하고, 온라인 방송을 시청하듯 넋을 놓고 보고만 있게 되는 경우가 많다. 이럴 때는 여러 가지 온라인 회의 툴(Allo, Miro, Mural, Jamboard 등)을 사용해 상호작용을 높여 참여자들이 조금 더 회의에 몰입하고 참여할 수 있도록 한다. 비대면 상황에서 공유자료 없이 오랜 시간 논의를 하는 것은 오디오 상황에서 회의하는 것과 다르지 않다. 시각적 효과로 참석자의 집중도를 높이기 위해 화면 공유를 통해 발표자료를 활용하는 것이 좋다.

회의 진행이나 발표 진행 중에는 채팅 기능을 활용해 의견을 기록하거나 개진할 수 있다. 가령 급한 일이나 다른 전화가 왔을 때, 상대방들은 어떤 상황인지 모를 경우 간단한 메시지를 채팅으로 남김으로써 상대방을 존중하는 모습을 보일 수 있다. 그리고 화이트보드나 포스트잇 기능을 통해 참석하는 이들이 함께 논의하거나 토론할 수 있는 환경을 만들 수 있다. 정리된 내용은 회의 마지막에 함께 보면서 마무리한다. 회의 참석자가 다수일 경우나 회의의 안건이 동시에 여러 건일 경우 온라인 미팅 플랫폼(Zoom, Google Meet, MS Teams, Cisco Webex 등)에서 제공하는 소회의실 기능을 사용해 회의 참석자를 나누어 논의하는 것이 좋다. 소회의실 툴을 사용하게 될 때는 각 소회의실이 어떤 안건으로 어떤 결과물을 나눠야 하는지 명확하게 제시해주는 것이 필요하다.

비대면으로 인해 약속이 이행되지 않거나
성과가 떨어지는 상황의 피드백

요즘 나팀장은 이메일을 쓰고, 이메일로 보고받는데 대부분의 시간을 쓴다. 나팀장은 며칠 전 대표이사 보고자료 작성을 김팀원과 이팀원에게 지시했다. 혼자 작성하기에는 무리가 있을 것 같아 김팀원과 이팀원이 협업할 수 있도록 했고, 개인별 각자의 구체적 역할과 업무기한까지 꼼꼼히 적어 보냈다. 그런데 어제 아침 이팀원이 김팀원으로부터 아직 자료를 받지 못해 후행 작업을 하지 못하고 있다는 연락이 왔고, 나팀장은 바로 김팀원에게 연락을 해서 오늘까지 자료를 보내라고 한 상태였다. 그리고 지금 김팀원이 보낸 자료를 검토하는 나팀장은 화가 머리끝까지 나 있다. 대표이사 보고자료라고 믿기 어려울 정도로 엉망진창이다. 나팀장은 자료의 수정 사항을 꼼꼼히 피드백하려다 보니 차라리 직접 수정하는 게 낫겠다는 생각마저 든다. 그렇게 장문의 피드백을 적은 이메일을 보냈으나, 김팀원은 반응이 없다. '또 일정을 펑크 내면 어쩌지?' 하는 불안감과 '제대로는 해올까?' 하는 의심이 올라온다.

상황에 적합한 비대면 수단을 채택하라

원격근무가 확대되면서 비대면 통신수단인 이메일, 전화, SNS, 화상회의 등을 통한 간접적 소통 방식이 앞으로도 확대될 것으로 예상된다. 팀장의 업무지시와 보고에서도 다양한 비대면 수단이 활용되는데, 이때 팀장은 상황에 따라 적합한 도구를 선택할 수 있어야 한다. 업무를 지시할 때 단순한 업무거나 반복적으로 수행했던 업무를 지시하는 경우라면 나팀장처럼 이메일을 먼저 써도 된다.

　대표이사 보고자료 작성과 같이 중요한 문서라면 이메일을 통해 업무 목적과 방향에 대해 기술하고, 각자의 역할과 준비사항을 명시해 사전 화상회의를 소집하는 것이 필요하다. 화상회의를 할 때에는 글로 이해한 부분의 오류는 없는지, 추가적으로 확인해야 할 사항들은 없는지, 놓친 부분은 없는지 등을 확인하고 서로의 생각을 공유하는 것이 필요하다. 그리고 같은 장소에 함께 있는 것이 아니다 보니 각자의 상황을 파악하기 어렵기 때문에 팀원들의 얼굴 표정, 제스처, 눈빛 등을 보면서 차질이 발생할 소지는 없는지 파악하는 것도 필요하다. 이러한 비언어적 메시지는 이메일이나 SNS로는 파악이 잘 안 될 뿐만 아니라 간혹 오해를 불러일으키기도 한다. 때문에 개인적으로 선호하는 수단이 아니라 상황에 적합한 비대면 수단을 채택하는 것이 필요하다.

　팀원이 일정을 지키지 못하는 경우는 대체로 두 가지다. 자료가 부족한 경우와 역량이 부족한 경우다. 리소스가 부족한 경우라면, 사내에 별도의 일정관리 및 리소스 관리툴을 보유하고 있다면 이를 통해 파악할 수 있을 것이다. 별도로 운영되는 도구가 없다면 팀원별 업무 추진 및 실적 현황을 만들어 핵심업무, 업무과정, 타임라인 등을 구체적으로 작성할 수 있는 양식을 만들고 지금부터 팀원들과 공유해서 사용하는 것을 권한다. 업무를 지시할 때에는 추가 업무로 인해 리소스에 이슈가 발생하지는 않는 상황인지 파악하고 업무를 지시한다.

　그러나 평소에도 일정 준수가 잘되지 않았다면 십중팔구 역량이 부족한 것이다. 역량이 부족한 팀원은 일하는 방법을 모르거나 숙달되어 있지 않을 것이다. 또한 수행해야 할 업무와 관련된 지식과 정보, 경험도 부족할 수 있다. 이런 팀원에게 업무를 분담할 때는 상세하고 구체적인 지시는 기본이고, 역량 보유 상황에 따라 필요하다면 일정을 더 주거나, 도움을 받을 수 있는 동료를 지원해야 한다. 더 나아가 좋은 사례가 있다면 참고할 수 있도록 제공하는 것도 좋다. 장기적으로는 필요한 역량을 보유할 수 있도록 교육과 훈련 기회를 제공하는 것이 필수적이다. 만약 역량이 부족한 팀원에게 짧은 기한에 보고해야 하는 난도 높은 업무를 주고 있다면 이건 팀원의 문제가 아니라 업무를 지시하는 팀장의 리더십 문제다.

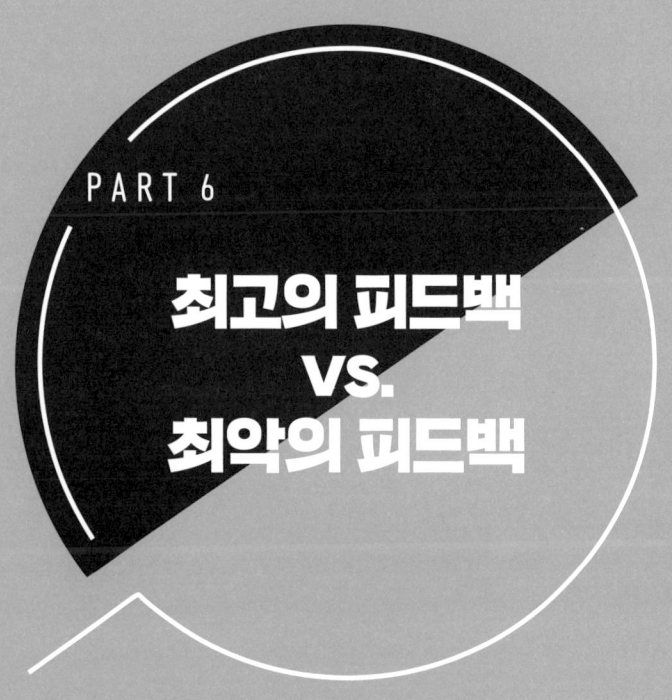

PART 6
최고의 피드백 vs. 최악의 피드백

피드백은 일터에서 자신의 행동을 타인에 반영해 보는 행위다.

피드백은 일과 관련된 여정을 다음 단계로 이동하게 하는 긍정적 힘이 있다.

당신이 피드백해야 한다면 어떻게 할 것인가?

여기 최고의 피드백과 최악의 피드백이 담겨 있다.

CHAPTER 1

내 인생 최고의 피드백

피드백은 일터에서 자신의 행동 단면을 타인에 반영해 보는 행위다. 따라서 같은 것을 보아도 관점에 따라 피드백은 다르게 나타난다. 피드백은 한 사람의 일과 관련된 여정을 다음 단계로 이동할 수 있게 하는 긍정적 힘이 있다. 마치 물 위에 간신히 서기만 하던 서퍼가 어느 순간 아름다운 파도타기를 하는 모습처럼, 좋은 피드백은 구성원 스스로 더 높은 목표를 달성하게 한다.

반면 어떤 피드백은 다시는 겪고 싶지 않거나 기억조차 하고 싶지 않은 경우도 있다. 만약 내일 또는 일주일 후, 혹은 한 달 후에 리더가 된 당신이 피드백을 해야 한다면 어떻게 할 것인가? 여기 저자들이 직접 경험한 생애 최고의 피드백과 최악의 피드백을 소개한다.

리처드의 Make a difference

서른 살이 되던 해, 나는 외국계 제조업 회사의 사업관리 분야 리더가 되었다. 보수적 분위기의 회사에서 일어난 초고속 승진이었다. 따라서 빠르게 승진한 내게 '어떻게 팀장이 될 수 있었는지? 어떻게 팀을 이끌 수 있었는지' 질문하는 경우가 간혹 있다. 그건 내가 받았던 '변화를 이끌어라Make a difference'라는 피드백 덕분이다.

내가 다닌 첫 회사는 외국계 제조회사의 선행개발 연구소였다. 입사 당시, 선배 연구원들이 대부분 석박사 학위 소지자였는데 대학을 갓 졸업한 내가 연구소로 채용된 배경은 다소 엉뚱했다. 면접자로 참여했던 연구소장이 나의 면접 답변에 '저 친구 재미있겠어'라는 총평을 남겼기 때문이었다. 운 좋게 연구소에 입사했지만, 전문 연구 분야가 없었기에 한동안 업무 배정을 받지 못한 채 연구소 내의 온갖 잡무를 담당했다. 최선을 다했지만, 〈미생〉에 나오는 인턴과도 같은 내 모습에 연구소 선배들은 너도 빨리 자리를 잡아야 되지 않겠냐는 걱정 아닌 걱정을 해주었다.

1년 후, 회사의 조직개편에 따라 나는 스웨덴 본사 연구원들로 구성된 글로벌 선행개발팀에 배치되었다. 영어도 잘 못하는 내가 어떻게 그 팀에 합류할 수 있었는지는 지금도 의문이지만 당시에는 그런 것들을 생각할 겨를 없이 그저 글로벌 팀에 배정받았다는 것에 약간 들떴을 뿐이었다. 처음 스웨덴인 상사를 만났을 때, 너무 떨려 영어 대신 연필로 스케치하듯 설명하는 것으로 겨우 그간 했던 업무보고를 할 수 있었다. 턱없이 부족했던 영어는 자주 쓰면서 늘었지만 역시 전문 분야가 없다는 약점은 여전히 해소되지 않았다.

그러던 중, 우연히 마케팅 부서의 제안을 받았다. 그런데 우리 팀의 스웨덴 상사는 '우리 팀에 네가 꼭 필요한 존재다'라는 말로 팀에 잔류해주기를 요청했다. 나는 전문 연구 분야가 없어서 그간 힘들었던 마음을 이야기했다. 팀장은 내가 어떤 일을 하고 싶은지 물어보았고, 나는 솔직하게 답변했다.

> I want to be a good manager with authority to decide the way of the company. I am not sure I will be a good manager because I'm not smart and genius in my opinion. But I wish to be my dream with openness, positive thinking, and passion.
> (저는 회사의 방향을 결정할 수 있는 권한이 있는 좋은 관리자가 되고 싶습니다. 제가 그다지 똑똑하거나 천재는 아니어서 좋은 관리자가 될 수 있을지 확신할 수는 없어요. 하지만 저는 열려 있고, 긍정적으로 생각하며, 열정이 있기에 꿈을 이뤄갈 수 있다고 생각합니다.)

그러자 내 말을 다 들은 상사는 다음과 같은 답변을 해주었다.

> Make a difference.
> (변화를 이끄세요.)

이 한마디의 피드백으로 내가 미운 오리 새끼가 아니라, 백조임을 깨닫게 되었다. 나 역시 다른 일을 잘할 수 있는 사람이라는 것을 처음 깨달았다. 상사는 후에 내가 동료 그리고 회사에 얼마나 많은 선한 영향력을 줄 수 있는지를 알려주었고, 포기하지 말고 꾸준히 걸어가라고 응원을 해주었다. 그다음 달에 나는 스웨덴 연구소로 발령받아 프로젝트의 기술을 총괄하는 기술 프로젝트 리더 Technical Project Leader로 임명되었다.

그때 팀장의 피드백은 내 경력 성장에만 영향을 준 것이 아니라 내 삶의 방향 전체에 영향을 주는 메시지가 되었다. 나는 어디에서든 누구보다 유연한 마음으로 참여했다. 언제나 새로운 것들을 시도하고자 했고, 늘 긍정적인 마음으로 기대 이상의 결과로 성과들을 이루었다. 무엇보다도 가장 많이 성장한 부분은 다른 동료를 나만의 잣대로 판단하지 않는다는 점이다. 사내에 누구라도 마음만 먹으면, 바뀔 수 있고, 성장할 수 있다는 믿음으로 가끔 성장을 원하는 동료에게 'Make a difference'라는 메시지를 주고 있다.

팀킴의 마법 단어

베이징 동계올림픽을 생각하면 동시에 2018년의 평창올림픽이 기억난다. 특히 컬링 종목에서 모두의 열렬한 환호와 응원을 받았던 '팀킴'이 유독 기억에 남는다. 그리고 팀킴 하면 생각나는 단어는 바로 '영미'다. 검은 뿔테 안경을 끼고 다소 근엄한 표정으로 스톤을 응시하는 김은정 선수가 "영미"를 외치는 그 모습이 동계스포츠 팬들에게 각인되었다. 김은정 선수를 필두로 팀킴은 국내를 넘어 세계적으로도 인기를 얻었다.

그들이 베이징 동계올림픽을 준비하는 모습을 뉴스로 보고 있자니 마치 아는 사람을 만난 것처럼 기분이 좋고 미소가 지어진다. 그들의 결속과 의지는 어디에서 오는 것일까? 팀원의 행동이 잘못되었을 때 또는 이끌 때 '영미'라고 외치는 그 한마디가 어떻게 팀원들을 이끌어가는 마법의 언어가 되었을까?

팀킴을 보고 있자니 내 회사생활과 오버랩된다는 생각이 들었다. 처음 인사팀으로 배정되던 날, 이 분야에 대해 아는 것이 없다는 생각에 불안했다. 예상했던 대로 인사팀의 업무는 과중했다. 팀장을 비롯해 선배들은 항상 분주했고 바빴다. 내가 먼저 일을 제안하고 정리와 마무리도 했어야 했는데, 선배들이 하는 일을 쫓아가는 것만으로도 버거웠다.

한 번은 실적향상을 위한 교육을 시행하는 과정에서 평가표를 만드는 일을 맡았다. 교육평가표를 어떻게 작성해야 하는지 선배에게 묻자, 선배는 나를 쳐다보지도 않고 눈은 모니터를 보면서 서류를 건넸다. 그는 이 자료를 바탕으로 분석표를 만들라고 말했다. 서류를 받아든 나는 무엇을 어떻게 해야 할지 몰라서 서류만 한참을 쳐다보았다. 그제야 선배는 짜증 섞인 목소리로 말을 걸어왔다.

선배: 평가표 하나 만드는 것도 못하면서 어떻게 이 팀에서 일하려고 해?
나: …죄송합니다.
선배: 죄송하려고 이 팀에 온 거야? 일을 빨리 해야지.
나: … 죄송합니다. 빨리 진행하겠습니다.

작년에 진행했던 평가표 같은 예시라도 받았더라면, 또는 어떤 부분을 강조해 평가할지를 말해줬다면, 적어도 물어보는 부분에 대해 답이라도 해주었다면 좋았을 텐데, 묻는 말에 답이 없었던 선배는 정해진 시간 내에 만들지 못하는 나를 책망했다.

게다가 선배가 감정적으로 나를 불편하게 여긴다는 걸 알고 있었다. 자신이 아끼던 후배가 이 자리에 와야 했는데, 그 자리를 내가 차지하고 앉았으니 내가 좋아보일 리 없었다. 다른 부서 사람들 있는 자리에서 나를 깎아내리던 선배의 얼굴이 기억난다. 이런 악감정이 있다는 걸 알고 있다 보니, 참고하라고 한 서류 뭉치들이 '정말 평가표를 제대로 만들 수 있는 자료이긴 한 걸까?'라는 생각마저 들었다. 대놓고 말할 수 없는 상황이 쌓이고 쌓이면서 선배를 향한 미움도 쌓이기 시작했다. 감정적인 행동이라고 생각하니, 모든 행동이 감정적으로 보였다. 그러던 어느 날, 팀장님이 나를 불렀다.

> **팀장**: 김대리가 3년간 업무하는 모습과 태도를 보고 여기에 부른 거예요. 분위기에 휩쓸리지 말고 있는 그 모습 그대로 행동하면 돼요. 잘할 거라 믿어요.

'믿는다'는 한마디는 마법과도 같았다. 일에 좌절하고, 사람에 실망하며 갈 길을 잃은 나는 그 '믿는다'는 한마디를 듣자, 마법에 걸린 것마냥 힘이 나기 시작했다. 긴 말보다 나를 믿어주는 한 사람이 있다는 그 자체가 나에게는 큰 힘이 되었다. 그 이후, 선배가 알려주지 않으면 알려달라고 조르고, 선배가 가야 할 먼 거리의 출장을 내가 먼저 간다고 말했다. 다른 팀에 연락해서 서로 협업할 수 있는 프로젝트를 만들어

성과로 만들고, 현장에서 어려움이 있을 때 현장의 소리를 듣고 개선할 방법을 제안하는 변화를 만들어냈다. 20년이 흐른 지금 그때 그 팀장님은 다른 자회사에서 근무하고 계신다. 내가 타 부서로 이동할 때에도, 인사팀이 어려운 일을 겪었을 때도, 내가 성과를 냈을 때도, 어떻게 아셨는지 항상 먼저 연락을 주신다.

>팀장: 요즘 어때요? 잘 지내지요? 일 잘한다는 소문이 여기까지 들려요.

일에 흔들리고 사람에 좌절할 때에도 나를 지탱하는 한마디, 그건 바로 '믿는다'는 말이다. 그 말을 들었고, 그 말을 기억했기에 20년이 지난 지금 이 자리에 와 있는 게 아닐까 하는 생각이 든다. 운이 좋게도 믿어주는 상사를 많이 만났다. 이제는 내가 그 믿음을 나눠주는 리더가 되고 싶다.

션의 '나에게 솔직한 피드백을 해줘'

대표님께,

어제 그 회의실에 있었던 사람으로서 드리는 말씀입니다만, 대표님이 패티에게 하신 말씀은 상당히 모욕적이고 예의에 맞지 않아 보였습니다. (중략) 부디 저의 조언을 언짢게 받아들이지 않으시기를 바랍니다.

넷플릭스의 대표, 리드 헤이스팅스Reed Hastings는 회사 구성원에게 받은 메일을 『규칙 없음』이라는 자신의 도서를 통해 공개했다. 그가 회의에서 부하직원을 질책했던 날, 그 모습을 본 다른 구성원이 그에게 보낸 메일이다.

넷플릭스는 자유로운 피드백을 강조한다. 이곳 구성원들은 팀장에게만 피드백하는 게 아니라, 회사의 대표에게도 자유롭게 피드백하는 문화가 있다. 헤이스팅스는 서로 솔직하게 피드백하는 문화를 만들라고 강조한다. 우리가 흔히 생각하는 상사가 부하 직원에게 하는 피드백은 오히려 그다음이다. 나도 넷플릭스처럼 솔직한 피드백을 통한 성장의 문화를 만들고 싶었다. 팀장에게 솔직한 피드백을 하면 우리 팀도 넷플릭스처럼 성장할 수 있을 것 같았다. 팀원들을 불러 모아 놓고 설명했다.

> 넷플릭스의 성공 배경에는 솔직한 피드백 문화가 있더라구요. 우리 팀도 저에게 솔직한 피드백을 해줬으면 좋겠습니다. 그래야 같이 성장할 수 있을 것 같아요. 그리고 제 생각이 잘못된 것 같으면 망설이지 말고 이야기해주세요. 그게 바로 위대한 조직을 만드는 방법이거든요.

당시 나는 팀장을 맡은 지 얼마 안 된 시기였고, 팀원들 대부분이 내가 팀장이 되기 전부터 함께 일하던 동료들이라 일하는 방식도 잘 맞는다고 생각했다. 나는 보고를 받을 때마다, 회의를 할 때마다 피드백을 부탁했다. 그런데 들뜬 마음과 달리 팀원들은 변화가 없었다. 전혀 관심이 없다는 말이 맞을 정도였다. 팀장이 나서서 이렇게 하는데 왜 이야기를 하지 않는지 이해가 안 됐다. 섭섭한 마음도 들었다. 평소 솔직하게 자기 생각을 잘 이야기하는 팀원에게 내 마음을 털어놓았다. 그가 주저하며 입을 열었다.

> 팀장님, 저희에게 계속 솔직한 피드백을 하라고 하시는데 팀장님도 못 하시잖아요. 팀장님은 실장님에게 솔직한 피드백이나 의견을 스스럼없이 이야기하실 수 있나요? 저희는 못 봤어요. 팀장님하고 저희가 사이가 좋고 편하게 사적인 이야기할 수 있는 것과 상사에게 업무적인 사항에 대해서 교정적인 피드백을 주는 건 다르잖아요.

부끄러웠다. 일상 업무에서 신뢰를 경험하지 못한 채 사내 포스터를 통해 신뢰라는 단어를 보면 신뢰 자체에 대한 신뢰가 떨어진다는 말이 떠올랐다. 상사가 그 윗사람에게 솔직한 피드백을 주는 것을 보지 못했는데, 갑자기 자신에게 솔직하고 냉정한 피드백을 하라고 강요했을 때 얼마나 황당했을까? 어설프게 시도한 팀장에게 솔직한 피드백을 하는 문화는 실현하지 못했지만 진실의 피드백을 들었다.

나는 더 이상 솔직한 피드백을 해달라는 공허한 이야기는 하지 않았다. 대신 내가 직접 실천하기 위해 상사에게 솔직한 피드백을 해보기로 했다. 그동안 팀원들과 겪은 상황에 대해서 상사에게 설명한 뒤, 솔직한 피드백 문화를 만들기 위해서 저도 실장님께 피드백을 드리는 연습을 하겠다고 말씀드렸다. 그런데 막상 상사에게 솔직하고 냉정한 피드백을 하는 건 쉽지 않았다. 그에게 내가 일의 긍정적인 면보다는 부정적인 면을 보는 사람으로 보일까 걱정되었고, 내가 틀릴 수도 있는데

함부로 이야기하는 건 아닐까 하는 부담감도 생겼다. 무엇보다도 기존의 보고 상황에서는 상사에 대한 솔직한 피드백이 불가능할 것 같았다. 부하는 보고하고 상사는 가만히 듣고 있다가 몇 마디 의견을 주는 상황이니 이에 대해 솔직한 피드백을 주는 것 자체가 어려웠다. 결국 방법을 바꿨다.

"의견 훌륭한데! 이런 점은 어떻게 생각하나요? 제 생각에는 이런 것도 고려해야 할 것 같은데요." 질문을 통해 팀장과 팀원이 동등한 입장에서 의견을 주고받는 연습을 했다. 그 과정에서 미처 생각하지 못한 멋진 통찰을 팀원의 대답을 통해 얻기도 했다. 리더에게 솔직한 피드백을 하게 하기 위해서 필요한 것은 솔직한 피드백을 하자는 멋진 선언이 아니라 반복되고 짧은 호흡의 질문을 통한 수고로움이라는 걸 좌충우돌 끝에 깨달았다.

써니의 춤추는 고래

누군가 내게 가장 열심히 일했던 순간을 떠올려보라고 한다면 나는 주저 없이 2007년 6월 1일을 떠올린다. 그날도 여느 날과 다름없이 바쁜 오전을 보내고 있었다. 모니터 하단에 미수신 이메일 표시가 보였지만 업무를 마무리하느라 잠시 미뤄두고 있었다. 오후가 되어 미확인한 이메일들을 열어보았다. 그중 하나가 눈에 띄었다. 임원이 보내온 이메일이었다.

보낸 사람: ○○○ 이사

받는 사람: 김써니 대리

보낸 날짜: 6월 1일, 오전 11:40

메일 제목: Innovation 관련 향후 방안 제시 요청 건

김대리님께,

이번 점검 과정에서 보여준 열의와 노고에 거듭 감사드립니다.

기술 전략 수립 및 그 달성을 위한 수행과제의 실천, 자료의 데이터베이스화, 내부 감사 대응에 이어 이번 업무 성취과정을 바라보며 깊은 감명을 받았습니다. 이처럼 놀라운 능력과 열의를 왜 진작에 발굴해 진가를 발휘하도록 하지 못했는지, 제 안목의 부족함을 반성하기도 했습니다. 장래는 기술 자립에 달려 있음이 분명하며, 이는 연구원 개개인의 역량 확보와 이를 체계화해 조직의 역량으로 결집시키는 것에 성패가 좌우된다고 믿고 있습니다.

이를 수행하기 위해서는 사태의 긴박성을 직시하는 인식의 전환으로부터 시작해 조직의 공감을 끌어내고 어떠한 어려움도 극복하며 세부 과제를 꼼꼼하게 성취해 나아가는 추진력이 필요한데, 그런 리더는 정말 드뭅니다. 하지만 정말 다행인 것은 우리 조직에 그런 리더가 되어줄 수 있는 사람이 있다는 것이죠. 그것을 보지 못했던 지난날은 절망의 연속이었지만, 최근 김대리의 업무 추진 과정을 바라보며 희망을 다시 발견하게 되었습니다. '지금 무엇을 하고 있는가'보다는 하고자 하는 열의와 사람을 움직일 수 있는 힘으로 무장되어 있는 김대리에게 진심으로 존경을 보내며 앞으로 인재와 조직 육성을 위해 헌신해주실 것을 간곡히 부탁드립니다.

다음은 혁신과 관련해 제가 설정한 방향입니다. 그러나 이러한 방향에 대해 아직 충분한 이해와 공감이 부족했음을 반성하며 협조를 요청합니다. 의견 기다리겠습니다.

팽팽하던 고무줄이 갑자기 느슨해진 것처럼, 긴장으로 늘 뭉쳐 있던 어깨 근육이 풀어지는 기분이었다. 이렇게 장문의 긍정적 피드백을 받은 건 처음이었다. 그의 이메일에는 내가 최근 수행한 실적이 구체적으로 담겨 있었다. 평소 나에게 관심이 없었다면 절대 기술할 수 없는 내용이었다. 메일을 받은 이후 나는 더욱 열과 성을 다해 일했고 그만큼 많은 성취와 성장을 경험했다. '칭찬은 고래도 춤추게 한다'고 했던가? 그 시절의 나는 고래였다. 스스로 춤을 추기로 선택한 고래!

가끔씩 슬럼프가 찾아오면 그때 그 이메일을 다시 읽어보며 에너지를 얻는다. '나는 괜찮은 사람'이라는 가치를 인정하며 나는 오늘을 살아간다. 나 역시 내가 받은 지지와 격려라는 값진 경험을 나누고 싶다. 아직은 어설프고 서툴러 진정성 있게 전달되지 못할지라도 누군가가 자신의 잠재력과 가치를 스스로 인식할 수 있도록 느리지만 천천히 경험을 나눌 것이다.

에디의 긍정 피드백

회사에 전사 경영관리 조직을 담당하던 박이사님의 주도로 새로운 팀이 만들어지게 된다는 소문이 돌았다. 새로운 팀의 팀장을 맡게 될 사람은 그분의 후임자가 될 가능성이 높았다. 전사 경영관리 업무와 연관된 회사 선배들은 모두가 내심 새로운 팀을 본인이 맡게 되지 않을까 기대하는 듯했다. 그런데 박이사님은 예상외로 막내급 리더였던 나를 새로운 팀의 팀장으로 지정했다. 그때부터 나의 고난이 시작되었다.

새로운 팀은 업무의 책임과 권한이 명확하지 않은 경우가 많았고, 팀원 확보가 늦어지며 초기에는 거의 혼자서 업무를 처리하느라 업무 지연이 반복되었다. 게다가 이사님의 결정에 다소 불만을 가진 이들로 인해 나에 대한 이상한 소문이 돌기도 하면서 나는 결국 심신이 지칠 대로 지쳐가고 있었다.

더이상 견디기 어려웠던 어느 날, 작정하고 이사님께 일대일 피드백을 신청했다. 이렇게 어려운 상황을 겪고 있다는 것을 알고 있는지도 궁금했고, 어떤 의도로 나를 팀장으로 선임했는지도 듣고 싶었다. 모든 원인 제공이 이사님의 성급한 실험적 결정 때문이라고 나 역시 생각하고 있었다. 원망 섞인 나의 불평을 한참 듣던 이사님은 내가 예상하지 못했던 피드백을 해주었다.

> 보통의 리더는 성과관리에 특별한 능력이 있거나, 사람들과의 친분으로 일을 해결하는 등 한쪽으로 치우친 경우가 많았어요. 그런데 오랫동안 지켜본 결과, 이팀장은 성과뿐만 아니라, 사람관리도 잘할 수 있는 균형을 지닌 사람이라고 저는 생각했어요. 저는 팀장님이 잘해내리라 믿고 있어요.

그는 나를 팀장으로 선임한 이유를 덤덤하지만 확신을 담아 말해주었다. 일대일 미팅을 마친 후, 회의실을 나가는 박이사님의 모습을 물끄러미 바라보면서 나는 고개를 기울이고 생각에 잠겼다. 사실, 나는 박이사님이 말해주기 전까지 스스로를 그렇게 생각해본 적이 없었다. 박이사님의 평가는 나에게는 과도한 칭찬으로 여겨졌다. 그렇기에 이런 평가가 매우 놀랍기도 하고, 고마웠다. 어려운 상황에서도 다행히 나를 믿어주며 긍정적으로 판단해준 리더가 있었고, 그로 인해 나는 어려움을 이기고 일어설 수 있었다.

그날의 피드백은 스스로의 가능성을 발견하고, 어려운 상황에서도 자신감을 내어 다시 힘을 낼 수 있는 소중한 열쇠가 되었다. 지금도 가끔은 어려운 상황이 될 때마다, 이사님의 한마디를 생각하며 힘을 내게 된다. 그 이후로 나는 성과관리와 사람관리를 더욱 조화롭게 활용하는 리더가 되고자 노력하고 있다. 어려운 상황을 극복하게 만들어주는 리더의 긍정 피드백! 그것은 내 인생 최고의 피드백이었다.

린다의 경험: 함께했기에 가능했다

유난히 무더웠던 작년 여름, 재택근무를 하던 우리 TF는 가보지 않은 길에 길을 내느라 분투하고 있었다. 처음에는 각자 주어진 목표를 향해 각자의 방식으로 일했다. 각자가 전문인력일 뿐만 아니라 자부심도 있는 이들이라 알아서 각자의 일을 수행하고 있었다. 그러나 어느 시점이 되자 각자가 하는 일이 팀의 전체 사업과는 연계가 잘되지 않는다는 것을 알게 됐다.

그러던 우연히 넷플릭스의 피드백 문화를 알게 됐다. 그들이 내세우는 '최고의 복지는 유능한 동료'라는 문구를 발견했을 때, 과연 '나의 복지 수준은 어떤가? 나와 일하는 동료들의 복지는 어떤가? 과연 나는 동료에게 최고의 복지일까?'라고 질문을 던져보게 되었다. 어쩌면 이제껏 남 탓, 환경 탓만 해온 것 같아 부끄러웠다. 이후로 나는 새로운 마음으로 줌 회의에 참가했다. 서로의 근황도 물으며 앞으로 함께 이루고 싶은 부분들도 나누고자 노력했다.

계속되는 실적의 압박과 개인적 과제 영역에서 쓴맛을 보고 있던 우리 팀은 일부러 날을 잡아 모였다. 오랜 재택근무 이후라 반가웠다. 다들 어떻게 지냈는지 서로의 건강과 일상에 대한 근황을 나눈 다음 개인 업무 영역에서 협업할 수 있는 부분을 찾기 위해 중복으로 하는 일을 정리해 한 사람이 처리할 수 있도록 효율화하기로 했다. 그 과정에서 멤버들이 겪은 각자의 어려움에 대해 점차 이해할 수 있게 되었다. 개인 과업에 대한 상호 공유와 이해가 일어나자 고유한 역량에 대해 서로 인정할 수 있게 되었다.

협업의 영역을 넓혀가며, 시너지를 창출하도록 하는 것은 어느 한 사람의 노력만으로는 불가능하다. 우리는 오직 도달해야 할 목적에 집중하도록 더 큰 비전을 위해 오늘 해야 할 일을 새롭게 멋지게 집중하도록 서로를 인정하고 격려했다. 가을이 끝나갈 무렵 상사는 나에게 이런 피드백을 해주었다.

이 일은 매니저님이기에 같이 할 수 있었습니다. 개인적인 희생을 마다하지 않은 점에 대해 고맙게 생각합니다.

이 말은 근래 들은 피드백 중 최고였다. 보이지 않는 나의 마음고생과 노력을 알아준 말이었기 때문이다. 또한 이 피드백은 나에게 이렇게 말해주고 있었다.

가던 길을 계속 가도 된다.

나는 이런 인정을 갈망해왔던 것 같다. 그렇게 우리는 더 큰 비전을 위해 오늘 해야 할 일에 집중하도록 서로를 인정하고 격려했다. 그 후 많은 다른 팀들이 그렇듯이 크고 작은 성취들을 함께 누렸다. 열심히 했고 그에 대해 결과도 좋았다.

어느 날 나의 동료가 '매니저님과 함께 오래 일하고 싶어요!'라고 피드백을 해주었다. 근래 들은 피드백 중 최고였다. 나는 정말 감격했기 때문에 아직도 가끔 이 순간을 생각하면 코끝이 찡해진다. 기대에 부응해야 한다는 부담도 있었지만, 한 걸음 한 걸음 내딛을 때마다, 나의 작은 진전에도 아낌없이 응원을 보내준 동료들의 피드백이야말로 가장 최고의 피드백이었다. 때로는 구체적이고 직접적으로, 때로는 보이지 않게 도와주는 손으로, 그리고 작은 응원으로 그 피드백은 내 기억에 남았다. 언제 끝날지 모르는 길고 지루한 여정에서 따뜻한 말 한마디를 마음에 새기고 한 단계 이렇게 성장해간다.

샐리의 결과를 함께 만드는 동료

대학병원에서 근무하다 일반 기업으로 전직한 후, 건강검진 몰mall 론칭을 위해 첫 프로젝트 총괄을 맡았다. 짧은 일정에 맞춰 회사에서 쪽잠을 자며 일하던 나날이었다. 어느 날, 고객사 실무자의 메일을 받았다.

제목: 건강검진 센터 실사 요청 문서
내용: 전국 건강검진 센터 실사 및 평가 보고서를 요청합니다.

〔실사 일정〕
〔평가 기준 문서〕
〔평가 보고서〕
〔보고서 기한〕

4건 내용 정리해 내일까지 보내주시면 내부 회의 때 공유하고 금주 병원, 의원 공문 전체 발송하겠습니다.

첨부: 210개 병원 리스트 파일.docx

메일을 보자마자 살짝 놀랐다. 다음 날 필요한 문서를 전날 오후 네 시에 요청해왔기 때문이다. 순간 누가 맡든지 엄청 고생하겠다는 생각과 함께 직속상사인 김팀장에게 이메일을 전달했다. 메일을 받자마자 놀란 팀장이 바로 회의 소집을 지시했다.

김팀장: 내부 긴급 회의 소집 요청 메일 보내주세요. 참석자는 대표님, 전무님, 이사님, 관련 유관부서 팀장 그리고 박주임도 참석해주세요.

나: 저는 지금 개발팀 회의에 참석해야 하는데요. 개발팀과 연동 테스트 결과를 확인 후 정리해서 고객사에 전달할 예정입니다. 지금 오후 네 시 반이니 지금 시작해도 최소 한 시간 이상은 걸릴 것 같습니다. 이번 회의 참석은 제외시켜 주시면 안 될까요?

김팀장: 우선 내부 긴급 회의를 빨리 열어주세요.

긴급 회의가 있다는 메일을 보내고 30분쯤 흘렀을까? 다시 지시가 내려왔다. 건강검진 몰 오픈 일정도 촉박하고 다른 업무 일정도 다 밀려 있는데 주말에 나와서 일하라는 뜻인가 싶어 속으로 엄청 투덜거리며 회의에 들어갔다. 예상했던 대로 회의는 살벌했다. 다들 업무가 포화 상태라 할 수 없다고들 했다.

오이사: 전체 부서가 업무 포화 상태라 못하겠다고 고객사에 전달하자는 겁니까? (잠시 침묵) 박주임, 대학병원에서 근무한 적 있죠?

나: 네.

오이사: 그럼 박주임이 하면 되겠네! 지금 맡은 프로젝트는 김팀장이 진행하고, 박주임은 내일 점심 전까지 관련 문서 내부 보고 끝내고 고객사 실무자한테 문서 전달하세요. 회의 끝! 저는 저녁 일정이 있어서 먼저 일어나겠습니다.

갑작스레 회의가 끝나자 김팀장은 대표이사에게 다녀왔고, 이후 나를 조용히 회의실로 불렀다.

> 김팀장: 저 오늘 사직서 제출했어요. 나중에 팀장이 되면 날 이해하게 될 겁니다. 업무도 오늘까지만 한다고 했어요. 묵묵히 일하다 보면 좋은 기회가 올 겁니다. 그럼, 수고하세요.

김팀장은 짐을 정리해서 순식간에 사라졌고, 그걸 본 나는 순간 맥이 풀렸다. 회의를 끝내고 나오니 벌써 여섯 시가 넘어 있었다. 이미 퇴근한 직원들도 있었다. 머릿속으로는 이 세상 욕이란 욕은 다 모아서 하고 있었다. 씩씩거리던 나를 지켜보던 김전무가 잠시 나를 불렀다. 사무실에 들어가자 김밥과 어묵, 음료 캔이 놓여 있었다.

> 김전무: 배고프시죠. 우선 드세요.
> 나: 입맛이 없어서 나중에 먹겠습니다. 감사합니다.
> 김전무: 몸 상하면 본인만 손해에요. 멘탈 강한 사람은 무슨 일이 일어나도 밥 잘 먹고 잠 잘 잡니다. 박주임 멘탈 강한 줄 알고 뽑았는데 아닌가요. 다 퇴근한 줄 알았는데 박주임이 책상에 머리를 쿵쿵 박는 소리에 깜짝 놀랐어요. 엄청 무섭더라구요.
> 나: …죄송합니다.
> 김전무: 많이 힘들죠? 저랑 오늘 같이 정리해봅시다!

혼자 덩그러니 버려진 느낌으로 서러웠던 오늘 하루의 감정들이 떠올라서 순간 울컥했다. 김전무는 보드판에 고객사 요청사항과 요청사항별 처리방안을 마치 수학문제 풀듯 써내려갔다. 한창 일하다 보니 시계는 자정을 넘어 있었다.

> 김전무: 업무는 혼자서 하는 게 아닌데 마음고생 시켜 미안합니다. 오늘처럼 일을 외면하는 사람도 있겠지만 그래도 결과를 만들어내는 것도 사람입니다. 또 그런 사람들 덕에 회사가 발전하죠. 박주임도 그 누군가의 무게를 함께 나눠 지는 사람이 되셨으면 합니다.

나는 다음 날 내부 보고를 완료하고 고객사 요청 시점에 맞춰 문서를 전달했다. 그 후 해당 고객사는 추가 프로젝트를 우리 회사와 진행하겠다고 알려왔고, 나는 유관부서와 협력을 통해 기대 이상의 성과를 만들어냈다. 이러한 성과들로 인해 나는 승진을 거듭했고, 지금은 본부장이 되었다. 그리고 나에게 힘을 낼 수 있도록 격려를 아끼지 않았던 김전무는 얼마 전 대표이사에 취임했다.

나는 이제 후배들에게 습관처럼 말한다. "일하다 전혀 모르겠다는 생각이 들면 이야기하세요. 회사는 혼자 일하는 게 아니라 함께 좋은 결과를 만드는 겁니다."

내 인생 최악의 피드백

써니의 태도와 피드백 사이

하드웨어개발팀의 아침은 나팀장의 잔소리로 시작된다. 오늘도 어김없이 나팀장은 다리를 꼬고 의자 깊숙이 등을 기대고 앉아 낮은 목소리로 무언가를 말하고 있다. 그리고 최연구원은 그 앞에 하염없이 고개를 숙이고 있다. 늘 보던 익숙한 풍경이다.

나팀장은 하드웨어개발 분야의 국내 최고 전문가다. 회사는 하드웨어에 대한 신기술 확보를 위해 연구기관에 근무 중이던 나박사를 스카우트했다. 얼마 지나지 않아 하드웨어개발팀이 신설되었고 그는 신임 팀장이 되었다. 그런데 회사의 기대와 달리 신기술 확보가 쉽지 않은 모양이다. 질책으로 시작되는 하드웨어개발팀의 하루와 팀원들의 표정이 늘 우울한 것을 보면 말이다. 한 가지 달라진 점이 있다면 우리 팀이 하드웨어개발팀 옆으로 변경되어 이제 그 풍경을 더 가까이에서 보게 되었고, 나팀장의 낮은 목소리까지 들리기 시작했다.

나팀장:　어제 부품 배치 설계 변경하라고 한 건은 어떻게 됐어요?
최연구원:　아직 솔더링 조건이 해결이 안 됐습니다.
나팀장:　그 정도도 해결을 못 해요? 뇌가 근육으로만 되어 있나요?
최연구원:　…
나팀장:　기본도 모르면서 설계를 어떻게 하죠? 학교 다닐 때 공부 못했죠?

방금 내가 무슨 소리를 들은 거지? 잘못 들은 건가 싶었다. 옆에서 듣고 있는 내가 스트레스를 받을 정도니, 팀원들은 오죽할까 싶었다. 얼마 지나지 않아 최연구원이 퇴사를 한다는 소식을 접했다. 연구인력이 줄어들어 더 조급해진 것일까? 나팀장이 잔소리하는 광경은 더욱 자주 목격되었고, 잔소리가 끝나면 팀원들은 삼삼오오 휴게실에 모여 팀장 뒷담화를 하곤 했다. 신기술 개발 프로젝트는 계속 지연되고 있었고, 결국 하드웨어개발팀은 해체되었다.

미국의 정신과 의사인 에릭 번Eric Bern이 창안한 교류분석Transactional Analysis, TA에서는 사람마다 자기 자신과 타인에 대해 어떻게 느끼고 결론을 내리고 있는가를 결정 짓는 삶의 태도를 4가지로 구분한다.

1. I'm not OK-You're OK(자기부정 – 타인긍정)의 태도다
"내가 틀렸고 당신이 옳다"는 입장이다. 타인을 긍정적으로 평가하

고 자기보다 우월하다고 지각하는 자세를 말한다.

2. I'm OK-You're OK(자기긍정 – 타인긍정)의 태도다

이러한 태도는 상호존중을 나타내는 방식으로 "나도 옳고, 당신도 옳다. 나도 이만하면 괜찮고 당신도 그만하면 괜찮다"라는 자신과 타인에 대한 인간 존중과 긍정적 삶의 태도를 말한다.

3. I'm not OK-You're not OK(자기부정 – 타인부정)의 태도다

"나도 틀렸고, 당신도 틀렸다"는 입장으로 절망과 실망으로 특징 지어지는 비관론적인 태도다. 이러한 태도를 가진 사람은 어떠한 노력도 기울이지 않으며 매사를 부정적으로 본다.

4. I'm OK-You're not OK(자기긍정 – 타인부정)의 태도다

마지막으로 "나는 옳고, 당신은 틀렸다"는 입장이다. 다른 사람에게 강압적이며 아집적 태도를 보이기 때문에 자기도취적인 우월감에 사로잡힐 수 있다. 타인에 대한 불신, 증오, 비난의 태도를 보인다.

나팀장은 팀원들에게 피드백할 때 네 번째인 '나는 옳고 당신은 틀렸다'는 태도를 보이며 독선적이고 자기도취적인 우월감을 드러냈다. 물론 팀장은 하기 싫어도 싫은 소리를 해야 할 때가 있다. 이때 어떤 태도를 취해야 할까? 존중을 바탕으로 상대의 긍정적 행동 변화를 이끌기 위해서는 쌍방 긍정의 피드백이 필요하다.

에디의 베스트셀러와 워스트 피드백

팀장 3~4년차 시절에 나는 본사 사업부 팀장으로 근무하고 있었다. 그 팀은 스태프 조직이었고, 전사 프로젝트를 진행하다 보니 본사의 상급 부서와 업무적으로 다툼이 많았다. 당시 나는 본사 팀장들뿐만 아니라 본사 임원들과도 티격태격하는 일이 많았다. 나 역시 본사 업무 경험이 있었지만, 상충하는 이해관계 속에서 어쩔 수 없이 사업부의 입장을 대변할 수밖에 없는 상황이었다. 그러다가 결국 일이 터지고 말았다.

당시에 우리 조직은 본사의 방침이 매우 불합리하다고 판단해 지속적으로 건의 의견을 내며 소통을 했지만 우리의 의견은 묵살되고 있었다. 결국 나와 팀원들이 본사의 의도와는 다른 방향으로 업무 진행을 한 것이 문제가 되었다. 안 그래도 우리 쪽 대응이 늘 탐탁지 않았던 본사의 임원은 이 일을 회사 차원의 문제로 크게 터뜨리고 말았다. 며칠간 팀을 둘러싼 매우 어수선한 상황이 진행되더니 드디어 본사 임원에게서 '호출'이 왔다.

본사 임원이 불렀으니 가기 싫어도 가야 하는 상황이었다. 마음속으로는 사업부를 모르는 본사의 불합리한 정책과 지시에 대한 불만이 부글부글 끓어오르고 있었다. 그러나 요 며칠 동안 본사에서 우리와는 전혀 소통도 하지 않고, 회사 차원에서 일을 키우면서 우리를 괴롭혀왔던 상황에 지쳐가고 있었다. 팀원들이 힘들어하는 상황이 이번 면담을 통해서 끝날 것이라는 예상 때문인지, 아이러니하게도 발걸음이 조금 가벼워졌다.

그렇게 복잡한 마음을 안고 본사의 20층 엘리베이터를 빠져나와 임원 집무실에 들어섰다. 나를 보자마자 큰 소리가 날 것이라는 예상과는 달리, 본사 담당 임원은 마치 모든 것을 용서해주겠다는 어투와 표정으로 다음과 같이 말했다.

내가 살펴보니 이팀장의 의도는 그게 아니었던 것 같은데 본의 아니게 실수한 것이라고 생각해요. 내가 사장님한테는 잘 말씀드려 놓았어요.

그는 나의 행동을 일방적으로 '실수'로 규정하고 있었다. 그러나 사건의 옳고 그름에만 집착하여 분을 못 삭였던 나와는 다르게, 본사 임원은 무언가 달라 보였다. 매우 여유가 있어 보였고, 그의 표정과 말투에서 나는 이미 모든 상황을 그가 자신이 의도한 대로 통제했다는 인상을 받았다. 그의 목소리와 톤 그리고, 여유 있는 피드백은 그 자리에 가기까지 자신과 관련된 수많은 문제와 이슈들을 영리하게 이겨낸 베테랑 임원이라는 것을 설명하는 듯했다. 나는 차분히 대답했다.

감사합니다만 저는 실수한 것도, 의도한 것도 아닙니다. 저는 한 달 전부터 이 프로젝트가 특정 사업부에 유리하도록 잘못 설계되었다고 계속 소통해왔고, 건의했습니다.

어차피 말로 이길 싸움이 아니었다. 칼자루는 본사가 쥐고 있었고, 이미 그림은 다 그려져 있는 상황이었다. 난 그저 돌직구를 한 번 던질 수 있었을 뿐이다. 그 순간 차가운 절벽과 같은 절망감이 문득 내 머리를 스쳐 지나갔다. 갑자기 모든 게 부질없이 느껴지는 회의감이 들기 시작했다. 그 순간 이곳을 떠나 새로운 곳에서 시작하고 싶은 마음이 솟아올랐다.

> 나: 제가 떠나겠습니다. 안 그래도 공장이 있는 현업에 가서 일해 보았으면 했습니다. 거기서 직원들과 부딪히며 느껴보려고 합니다.
>
> 임원: 아쉽네요. 생각해보면 이게 다 저 때문이죠. 솔직히 제가 맡았던 사업부를 외면할 수는 없으니까요. 이해해줘요. 참, 내가 이팀장에게 하고 싶은 말을 대신해서 책을 하나 준비했어요. 삶은 속도가 아니라 방향이 중요한 것이라고 생각해요.

본사 임원은 책상 오른쪽 서랍을 열더니 미리 준비한 책 한 권을 꺼내 나에게 건넸다. 첫 장을 열어보니 친필로 나의 이름과 날짜를 적어놓은 것을 보았다. 그 책은 꽤 유명한 베스트셀러였지만 나는 그 책을 읽고 싶은 마음이 전혀 들지 않았다. 이미 회사의 상황과 그 임원의 피드백은 나에게 상처로 남았기에 이후에도 그 책에는 전혀 손이 가지 않았다. 그 책은 베스트셀러였지만, 나에게는 워스트 피드백으로 남았다.

피드백은 자신의 철학에 대한 자랑도 아니고, 인생관 설교는 더더욱 아니다. 아무리 좋은 말도 그 사람에 대한 관심과 배려가 느껴지지 않는다면 그 피드백에서는 진정성을 느끼지 못하게 되는 것이 아닐까? 그날 이후 나는 누군가에게 책으로는 피드백하지 않겠다고 다짐했다. 효과적인 피드백은 명언의 나열이 아니다. 내가 좋다고 생각한 조언이 누군가에겐 인생 최악의 피드백으로 기억될 수도 있다.

애슐리의 팩트가 폭행이 될 때

한때 〈일요일 일요일 밤에〉라는 코미디 프로그램이 인기였다. 곤란한 상황을 본 주인공이 두 가지 선택지를 두고 고민하다 "그래, 결심했어!"라는 대사와 함께 각기 다른 선택의 결과가 어떤지 보여주는 내용이었다.

드라마처럼 현실에도 정지화면이 있다면 얼마나 좋을까? 피드백하기 직전의 상황으로 다시 돌아갈 수만 있다면 그때와 좀 다른 행동을 보여줄 수 있지 않을까? 나는 당시의 피드백 상황을 몇 번이고 곱씹어 본다.

그는 매사에 적극적이고 유머 있는 직원이었다. 주요 담당인 인사관련 업무뿐 아니라 행사 진행도 척척 도맡아 하는 유쾌한 직원으로 소문이 자자했다. 그런데 하루는 그가 곤혹스러운 표정을 지으며 사무실로 들어왔다. 다른 본부의 상무가 전 부서원들과 회의를 하는 자리에 갑자기 그를 부른 것이다. 후에 들어보니 다른 부서 직원들이 모두 있는 자리에서 그를 무척 혼냈다고 했다.

그런데 다른 팀에 가서 혼나고 온 팀원에게 나는 위로 대신 질책을 했다. 당신의 행동이 우리 팀에, 조직에 어떤 영향이 있는지 앞으로 무엇을 개선해야 할지를 피드백한 것이다. 아무래도 인사팀은 조직의 메시지를 전달하는 자리다 보니 주의해야 한다는 점을 짚어주고 싶었던 것 같다. 스스로는 교정적인 피드백을 한 것이라 합리화했지만 그날의 피드백 이후 팀원과 나의 관계는 아주 건조해졌다. 그날 내 피드백을 듣던 직원의 싸늘한 표정을 잊을 수가 없다. 그때 나는 팀원의 마음보다 내 입장을 더 생각했던 것이다. 그럴듯하게 포장했지만 마음 깊은 곳에 있던 내 감정을 마주하니 부끄러웠다.

나는 '아이 메시지'를 비롯해 건설적 의도를 설명하라는, 바람직한 피드백의 방법을 책과 강의로 수없이 배웠다. 그럼에도 현장에서 쓰지 못하면 이처럼 무용지물이다.

교정적 피드백에는 진심을 담아야 하지만, 동시에 그 진심이라는 착각 때문에 관계가 더 위험해질 수도 있다. 실수하지 말라고 하는 좋은 의도였어도, 그 좋은 의도가 상대에게 상처를 주고 모멸감을 준다면 차라리 입을 다무는 것이 낫다. 동화 〈해와 바람의 내기〉처럼 나그네의 외투를 벗게 하는 것은 휘몰아치는 매서운 바람이 아니라 따뜻한 햇살이었다. 상황이 얼마나 힘들고 곤욕스러웠을지, 잘해보고 싶었던 그의 마음 깊은 곳의 의도를 알아봐주었더라면 좋았을 텐데 미숙했던 나는 그러지 못했다. 그날의 피드백은 서로에게 상처만 남았다. 다시 돌아갈 수 없음을 알면서도 "그래 결심했어!" 정지화면 뒤에 다른 선택을 하는 나의 모습을 상상한다. 따뜻한 눈빛으로 온전히 팀원의 마음을 부축하고 싶다.

마이크가 생각했던 공자의 4악(惡)

야심만만한 엘리트 제자 자장子張이 스승인 공자孔子에게 "어떻게 해야 정치를 잘할 수 있습니까?"라고 질문했다. 공자는 "네 가지 악한 일을 하지 말아야 정치를 잘할 수 있다"라며 학포적린虐暴敵吝을 지적했다.

정치를 잘하기 위해 하지 말아야 하는 4악은 다음과 같다. 가르쳐주지 않고 잘못했다고 죽이는 잔인함虐, 중간 점검 없이 갑자기 득달같이 결과만을 닦달하는 사나움暴, 지시는 늦게 하면서 일을 재촉하는 도둑 심보賊, 주어야 할 것을 두고 쩨쩨하게 구는 인색함吝. 이 네 가지 악은 리더의 피드백에도 똑같이 적용된다고 생각한다.

나와 함께 일했던 한 리더는 위에서 말한 4가지 악 모두를 꾸준히 실천했다. 그는 설명도 없이 일을 시켜놓고서는 일을 못한다고, 자기의 수준에 맞지 않는다고 다그치는 잔인함을 지녔다. 그는 업무 지시를 하며 설명 없이 납기일만 말했다. 그리고 전혀 신경을 쓰지 않고 있다가 보고서를 가져가면 "이건 아니다"라고 피드백했다. 그렇게 서너 번을 정확한 피드백 없이 계속 다시 해오라고 한다. 이런 리더가 하는 피드백의 공통점은 평가는 좋아하지만 자세한 배경 설명, 정보 제공은 언제나 생략한다는 점이다. 좋은 피드백은 어떻게 하면 좋을지 방향을 제시하고, 사전에 충분한 정보를 제공하면서 코칭하는 데서 온다.

게다가 그는 중간에 피드백을 하지 않는 성마른 사나움이 있었다. 언제나 본인이 제시한 기간보다 먼저 결과를 달라고 했다. 아직 진행 중이라고 답하면 요즘 사람들은 일을 안 한다고 비난하곤 했다. 이처럼 제반여건이나 돌아가는 상황을 파악하지 않아 결과가 좋지 않은 것은 구성원의 잘못이 아니라 리더의 잘못이다. 좋은 피드백은 검토 시기와 검토 기준을 가지고 주변 상황을 파악해 지속적으로 피드백하는 데서 온다.

게다가 그는 성격이 급해 일을 독촉하는 도둑 심보가 있었다. 그는 마감기한만을 신경 썼다. 현업자가 방향성을 헷갈려하거나 어려워할 때는 모른 척했지만 마감이 다가오면 엄청난 에너지로 재촉하고 성질을 내면서 본인만은 정시에 퇴근했다. 그러나 좋은 피드백은 명확하게 지시하고 피드백하는 데서 온다. 불명확하게 지시하고, 대충 지나가는 피드백으로는 업무를 추진하기 어렵고, 그것을 감내하는 구성원들은 결국 업무 추진을 포기하게 된다.

마지막으로 그는 쩨쩨한 데다 인색했다. 권한을 주거나 포상을 해야 할 때마다 마치 자기가 주인인 것처럼 쩨쩨하게 굴었다. 항우가 장수에게 벼슬을 내릴 때, 주머니 속 네모난 도장을 하도 만져 모가 닳아 동글동글해졌다는 이야기가 생각났다. 조직에서 포상과 권한 위임은 인색하면 안 되듯, 피드백도 마찬가지다. 피드백을 조금씩 하면서 엄청나게 생색을 내면 아무도 그 피드백을 들으려 하지 않는다. 그는 자신이 아는 정보를 대단한 비밀을 공개하는 것처럼 조금씩 풀었다. 그런데 심지어 그 정보가 다 맞는 것도 아니었다. 게다가 중요한 내용은 아주 조금씩만 알려주었다. 이런 경우 그 정보가 아무리 좋은 정보고, 그 피드백이 업무에 도움이 될지라도 아무도 그와 이야기하려고 하지 않았다. 피드백을 비굴하게 받느니 그냥 모른 채로 일하겠다는 이들이 대부분이었다.

결국 그는 관리자 자리에서 물러나게 되었고, 그가 있는 동안 성과는 최악이었다. 그 사람 때문에 많은 인재가 그 회사를 떠났다. 좋은 피드백은 모든 것을 진실되게 아낌없이 다 공개하고, 충분한 권한 위임이 가능하도록 하는 것이다. 명확한 위임, 충분한 칭찬과 포상이 피드백에 있어서 기본적인 요소다.

부록 1

피드백 관련
직장인 설문조사 및 결과 분석

- 피드백 관련 직장인 설문조사 및 결과 분석 -

조직에서의 피드백은 매우 중요하지만 직장인을 대상으로 피드백에 대해 심도 있게 조사한 자료는 찾아보기 어렵다. 실제 현업에서 직장인들이 무엇을 원하고, 무엇을 고민하는지 과학적으로 분석한 자료는 거의 없다. 그래서 저자들은 명함관리 애플리케이션인 리멤버와 공동으로 직장인들이 생각하는 피드백에 대한 설문조사를 실시했다. 이 설문조사에는 직장인 약 1,200여 명이 참여했다. 특히 최근 이슈가 되고 있는 세대별 차이점을 분석하기 위해 직장 내 베이비붐, X, Y, Z세대를 구분해 조사했다. 이 설문조사를 통해 직장인들이 원하는 피드백, 그리고 피드백하면서 어려워하는 점을 리더, 팔로어 관점과 각 세대의 관점에서 자세하게 살펴보았다.

조사 개요

1) 조사 대상: 대한민국 직장인 1,278명

2) 조사 기간: 2021년 10월 4일~10월 21일

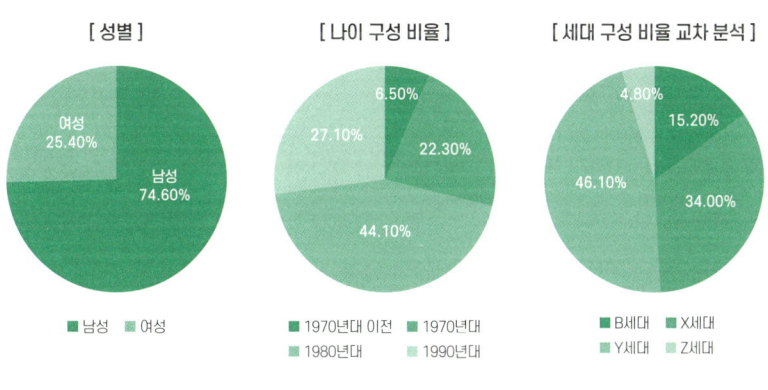

*B세대: 베이비붐 세대

응답자 비율은 여성보다 남성이 약 3배 정도 많았다. 연령대는 1980년대생이 가장 많았으며, 1990년대생이 그다음을 이었다. 세대별로는 Y세

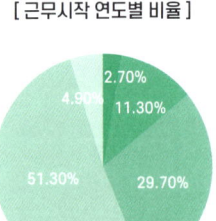

[근무시작 연도별 비율]

2.70%
11.30%
4.90%
51.30%
29.70%

(진한 색에서 연한 색으로)
- 1990년대 이전
- 1990년대
- 2000년대
- 2010년대
- 2020년대

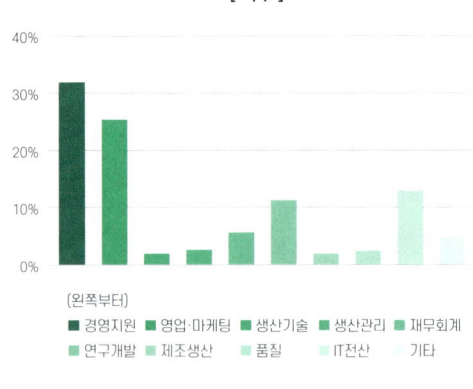

[직무]

(왼쪽부터)
- 경영지원
- 영업·마케팅
- 생산기술
- 생산관리
- 재무회계
- 연구개발
- 제조생산
- 품질
- IT전산
- 기타

대가 가장 많았고, 그다음 X세대가 많은 비율을 차지했다. 베이비붐 세대도 15% 정도 응답했다. Z세대의 응답 비율은 전체의 5%에 그쳤다. 현재 기업의 중심 세력이 1980년대생으로 전환되고 있고 1990년대생의 비율도 점점 높아지고 있다. 이제 1990년대생인 Z세대 등을 위해 기존 방식과 다른 새로운 피드백 접근을 점점 요구하고 있다.

2010년대부터 직장생활을 시작한 응답자의 비율이 가장 높았으며, 다음으로는 2000년대 순으로 많았다. 분야로는 경영지원, 영업, 마케팅 직무에 속한 인원의 비율이 절반 이상을 차지했다. 연구개발 및 IT 전산 직무에 종사하는 인원의 비율도 다소 높은 편으로 확인되었다. 대부분 2000년대부터 직장생활을 했기 때문에 과거의 피드백을 대부분 경험했다. 그리고 이번 조사에 관심을 가지고 응답한 이들의 대부분은 사무, 영업 및 마케팅, 연구, IT 관련 업무 종사자가 많았다. 현장(생산, 제조, 품질)보다는 사무(경영지원, 영업/마케팅) 및 연구, IT 직무에서 피드백에 더 관심이 많고 그만큼 더 많은 지원을 필요로 하는 것으로 해석

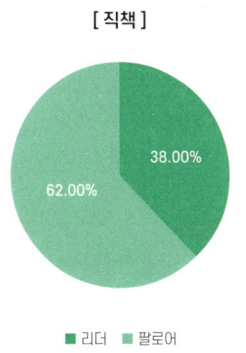
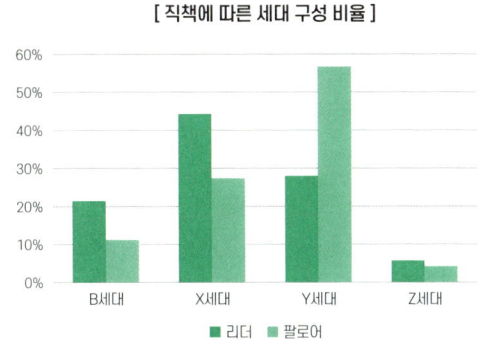

할 수 있다.

　리더에 비해 팔로어라고 응답한 비율은 약 1.6배 정도 높았다. 리더는 X세대가 가장 많으며, 베이비붐 세대보다는 Y세대의 리더 비율이 더 많아지고 있다. 반면 팔로어 비율은 Y세대가 가장 많고, X세대가 그 다음 순이었다. Z세대는 리더 및 팔로어 모두 응답 비율이 높지 않았다. Z세대는 전반적으로 차지하는 비율이 적지만 리더와 팔로어 비율이 유사한데 이는 스타트업과 소기업에서 Z세대가 대표, 리더 역할을 하고 있는 결과라 예측할 수 있다. 각 세대별 리더, 팔로어가 모두 존재하기 때문에 각 세대별로 필요한 피드백 방법론을 구체적으로 분석하고, 현장 적용 방법을 연구하는 것이 중요하다.

공통 질문 1

직장 내에서의 피드백은
얼마나 잘 이루어지고 있나요?

회사 내에서 이루어지는 피드백의 활성화 정도와 관련해, 다소 긍정적이라고 답한 의견이 가장 높은 비율을 차지하고 있다. 보통이라고 답한 비율도 이와 비슷하다. 전반적으로 부정적인 의견에 비해 긍정적이라고 응답한 비율이 2배 가까이 된다. 하지만 특이하게 젊을수록 피드백에 대해 더 긍정적으로 인식하고 있음을 확인할 수 있다(특히 Z세대가 피드백의 긍정성에 대해 높게 인식하고 있다). 이런 결과를 볼 때 가장 젊은 세대인 Z세대에 대한 피드백의 요구가 가장 높은 것으로 판단되며, Z세대 맞춤형 피드백 기술 개발이 더 많이 요구된다.

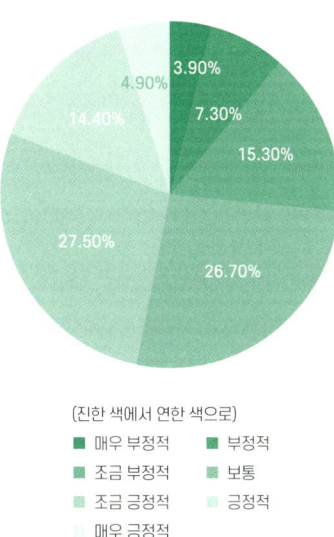

[피드백 활성화 인식]

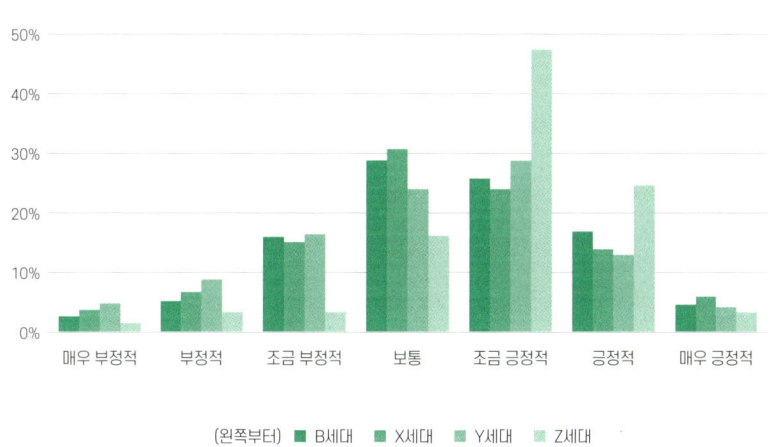

[피드백 활성화 인식에 대한 세대별 교차 분석]

부록

공통 질문 2

회사에서 피드백을
연간 얼마나 주고(리더) 받으시나요(팔로어)?

리더와 팔로어 모두 연간 1회에서 10회 정도의 피드백을 주고받는다고 응답한 비율이 가장 높았다. 11회 이상 50회 이하의 피드백을 주고받는다고 응답한 비율도 전체의 25% 이상을 차지한다. 200회 이상 1,000회 이하도 생각보다 비율이 높다(특히 리더). 이는 피드백을 서로 정의하는 것이 달라 응답 차이가 큰 것으로 보인다(어떤 사람은 수시로 만나 나누는 대화도 피드백으로 인식하고, 어떤 사람은 성과면담 같은 공식적인 미팅만을 피드백이라 생각했다). 종합해보면 피드백은 10회 이하가 가장 많은 것으로 나타났다.

결과로 볼 때 아직 조직에서 피드백은 매우 부족한 상태다. 특히 리더보다는 팔로어가 피드백을 받는 것이 더 적다고 응답했다. 이는 팔로어 스스로 리더가 피드백을 한 것을 인식하지 못하는 경우가 많기 때문이다. 피드백을 잘하는 것도 중요하지만 상대방이 피드백을 받고 있다고 잘 인식하게 하는 것도 중요하다.

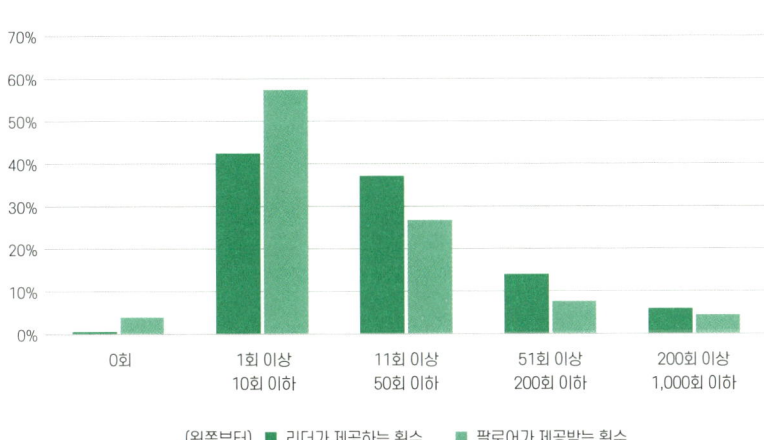

리더 질문 1

피드백을 하는 이유는 무엇입니까?

리더가 팀원에게 피드백을 제공하는 이유는 '업무 진행 및 성과 개선'을 위해서가 가장 많았다. 또한 '성과, 조직 관리', '인정과 칭찬'을 위해서도 많은 피드백을 하고 있었다. 상대적으로 '행동교정을 위해 피드백을 한다'는 매우 적었으며 Z세대 리더의 경우 이에 관련한 응답자가 0명이었다.

대부분의 피드백은 업무 진행 및 성과 개선, 조직 관리 차원에서 실시되고 있음을 알 수 있다. 특이한 결과는 인정과 칭찬은 다른 세대 리더보다 오히려 Z세대 리더에게서 더 높게 나타났다. Z세대가 리더 역할을 하면서 더 많은 인정과 칭찬을 실천하고 있다는 것이 예상하지 못한 결과였다. 반대로 행동교정의 피드백 비율은 X세대가 가장 높은 것으로 나타났다. 행동교정 피드백보다 성과 개선, 조직 관리, 인정과 칭찬에 더 많은 피드백을 집중할 필요가 있다.

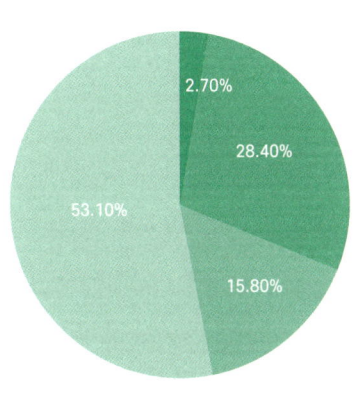

[피드백을 하는 이유]

(진한 색에서 연한 색으로)
- 행동 교정
- 성과, 조직 관리
- 인정과 칭찬
- 업무진행 및 성과 개선

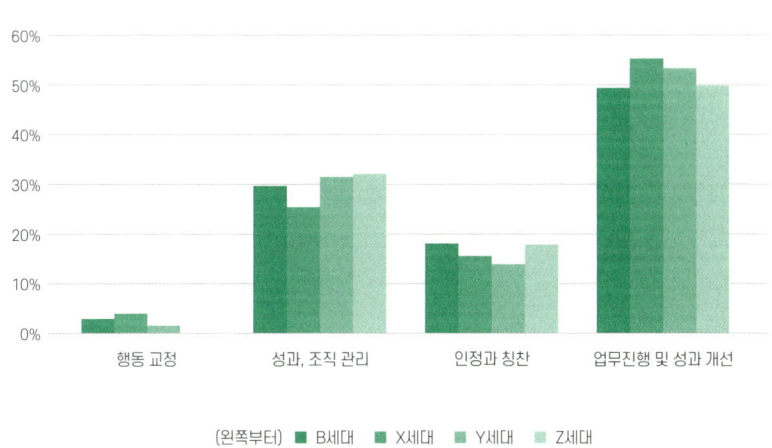

[피드백을 하는 이유에 대한 세대별 교차 분석]

(왼쪽부터) ■ B세대 ■ X세대 ■ Y세대 ■ Z세대

리더 질문 2

피드백을 할 때 가장 중요하게 생각하는 것은 무엇인가요?

리더가 피드백을 제공할 때, 가장 중요하게 생각하는 것은 '구체적이고 자세한 피드백(전문성)'이었다. 경청과 공감, 객관성과 공정성도 전체적으로 비슷하게 높게 중요하게 생각하는 것으로 나타났다. 특이한 결과는 다른 세대에 비해 Z세대 리더는 '피드백 빈도 및 적시성'이 상대적으로 더 중요하다고 응답했다. 하지만 Z세대를 제외하고는 피드백 빈도, 적시성에 대해서는 상대적으로 낮게 인식하고 있다. Z세대는 피드백의 빈도, 적시성에 대해 중요하게 생각하므로, Z세대 대상의 피드백에 있어서 빈도와 적시성에 대한 구체적 방법론 제시가 요구된다.

[피드백의 중요 요소]

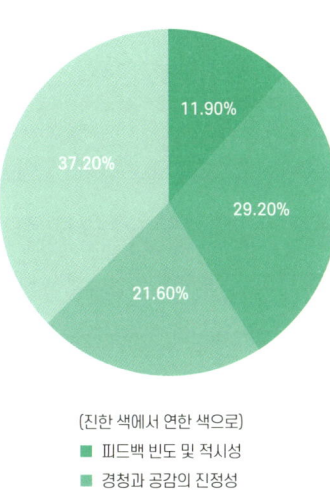

(진한 색에서 연한 색으로)
- 피드백 빈도 및 적시성
- 경청과 공감의 진정성
- 객관성, 공정성
- 구체적이고 자세한 전문성

[피드백의 중요 요소에 대한 세대별 교차 분석]

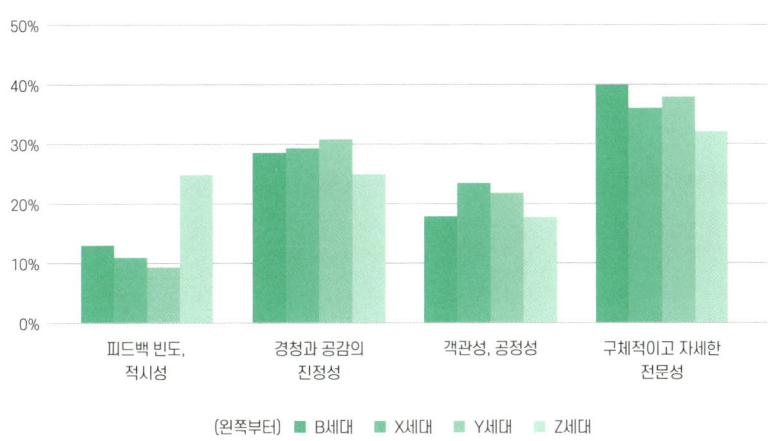

(왼쪽부터) B세대 ■ X세대 ■ Y세대 ■ Z세대

부록

리더 질문 3

교정적(부정적) 피드백을 할 때, 가장 고민되는 점은 무엇인가요?

교정적(부정적) 피드백을 진행할 때, '관계가 어색해지는 것'과 '개선사항이 없는 것'에 대한 고민이 가장 높은 것으로 나타났다. 세대별 차이를 보면 베이비붐 세대와 X세대에서는 '개선사항이 없는 것'이 가장 고민이 된다고 답한 경우가 가장 많았다. 하지만 Y세대와 Z세대에서는 '관계가 어색해지는 것'에 대해 고민이 된다고 응답한 비율이 높게 나타났다.

젊을수록 관계에 대해 더 많이 고민하고 있고, 기존 세대(베이비붐 세대, X세대)는 개선사항이 없는 것에 대해 더 많이 고민하고 있음을 알 수 있다. 기존 세대에게는 개선이 가능한 피드백 기술, 젊은 세대에게는 관계를 유지하면서 교정적으로 피드백하는 기술 지원이 요구된다. 조직에서 상대적으로 높은 직책을 맡은 베이비붐 세대는 조직 이탈, 퇴사를 가장 걱정하는 것으로 나타났는데, 베이비붐 세대는 퇴사를 사전 방지하도록 라포(rapport) 형성과 적절한 상시 피드백 기법을 지원하는 것이 필요하다.

[부정적 피드백의 고민되는 사항]

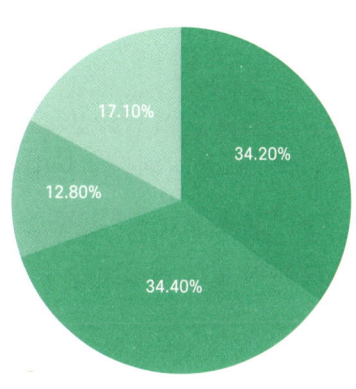

(진한 색에서 연한 색으로)
- 관계가 어색해지는 것
- 개선사항이 없는 것
- 어떻게 표현해야 할지 몰라서
- 조직이탈, 퇴사에 대한 우려

[부정적 피드백의 고민되는 사항에 대한 세대별 교차 분석]

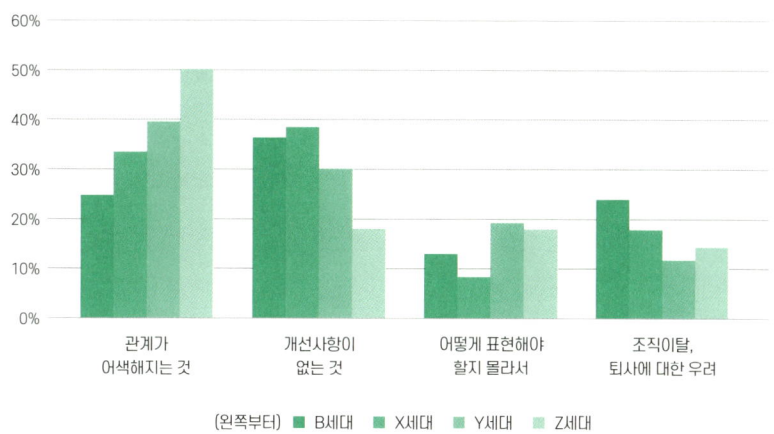

(왼쪽부터) ■ B세대 ■ X세대 ■ Y세대 ■ Z세대

부록

리더 질문 4

직원에게 피드백을 할 때
가장 노력하는 점은 무엇인가요? (중복 선택 가능)

직원에게 피드백을 할 때, '배경과 맥락을 자세히 설명'하고 '관찰한 행동을 객관적으로 피드백'하기 위해 노력한다고 응답한 비율이 가장 높았다. 세대별로 보면 베이비붐 세대, X세대, Y세대는 결과가 유사했으나, Z세대는 다른 결과를 보였다. Z세대의 경우, '개선점을 구체적으로 피드백' 하기 위해 노력한다고 응답한 비율이 가장 높았다.

기존 세대 리더(베이비붐, X세대)들은 배경과 맥락을 자세하게 설명하고, 관찰한 행동을 객관적으로 피드백하려고 노력하고 있음을 알 수 있다. 이와 다르게 Z세대 리더들은 개선점을 구체적으로 피드백하려고 가장 노력하고 있다. Z세대 리더는 이유(Why, 배경과 맥락)보다는 개선점(What)에 집중해서 피드백한다는 것을 알 수 있다. 이 결과를 볼 때 Z세대 팔로어도 이러한 피드백을 원하고 있다고 판단되며, Z세대 팔로어에게는 이유보다는 '개선점'을 중심으로 하는 피드백이 요구된다.

[직원 피드백 시 노력하는 점]

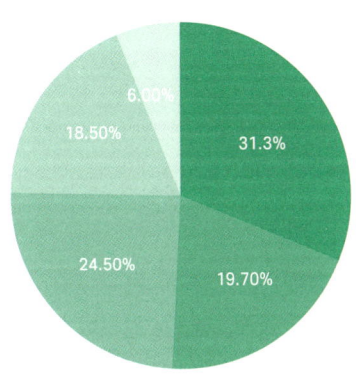

(진한 색에서 연한 색으로)
- 배경과 맥락을 자세히 설명
- 개선점을 구체적으로 피드백
- 관찰한 행동을 객관적으로 피드백
- 개선 모습에 대한 공감대 형성
- 주변 동료들의 의견 피드백

[직원 피드백 시 노력하는 점 세대별 교차 분석]

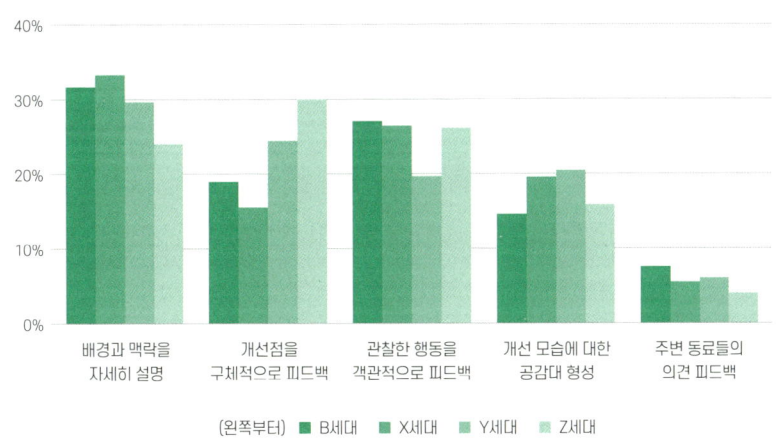

(왼쪽부터) B세대 X세대 Y세대 Z세대

부록

리더 질문 5

피드백을 할 때, 가장 힘든 점은 무엇인가요?

피드백을 할 때, '리더와 팔로어 관계의 입장 차이', '관점 차이(지식, 전문성)'가 어렵다고 한 응답 비율이 높았다. 따라서 서로의 차이를 줄이는 피드백 기술이 요구된다. 세대별로 보면 Y세대는 관점 차이가 어렵다고 응답한 비율이 다른 세대에 비해 높게 나타났고, Z세대는 감정적 요소가 어렵다고 응답한 비율이 다른 세대에 비해 상대적으로 높게 나타났다. 중간의 Y세대는 관점 차이에서 어려움을 겪고 있다고 응답했는데, 지식이나 전문성 차원에서의 성장통으로 예측된다. Z세대는 감정적 요소에서 가장 어려움을 느끼고 있어, Z세대 리더에게는 피드백에서 감정적 요소를 잘 해결할 수 있도록 조직 차원의 지원이 요구된다.

[피드백 진행시 어려운 점]

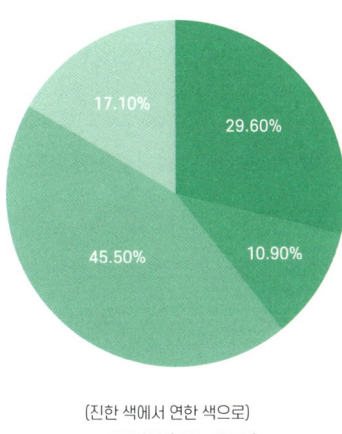

(진한 색에서 연한 색으로)
- 관점 차이(지식, 전문성)
- 세대 차이
- 입장 차이(리더, 팔로어 관계)
- 감정적 요소

[피드백 진행시 어려운 점에 대한 세대별 교차 분석]

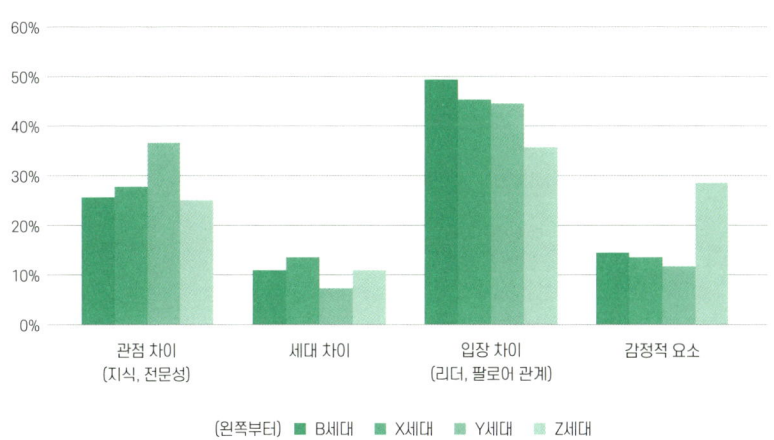

(왼쪽부터) B세대 ■ X세대 ■ Y세대 ■ Z세대

리더 질문 6

피드백을 할 때,
가장 어려운 유형은 어떤 상황인가요?

피드백이 가장 어려운 유형은 개인 성향이 강한 경우로 나타났으며, 이는 전 세대가 모두 동일한 비율로 높았다. 그다음으로는 성과가 낮은 사람에 대한 피드백이 어렵다고 응답한 인원의 비율이 높게 나타났으며, 이 부분은 X세대의 비율이 다른 세대에 비해 더 높게 나타났다. 대부분 개인 성향이 강한 경우에 피드백이 가장 어렵다고 느끼고 있다.

이를 해소하기 위해서는 사전에 개인 성향을 철저하게 파악한 후 피드백하는 것이 필요하다. 또한 개인 성향 파악을 위해서 사실 중심적 관찰이 요구된다. 주로 리더 역할을 많이 맡은 베이비붐 세대와 X세대는 성과가 나쁜 직원에 대한 피드백에서 어려움을 느끼고 있다. 이들에게는 저성과 대상 피드백 기법 교육을 조직 차원에서 지원할 필요가 있다.

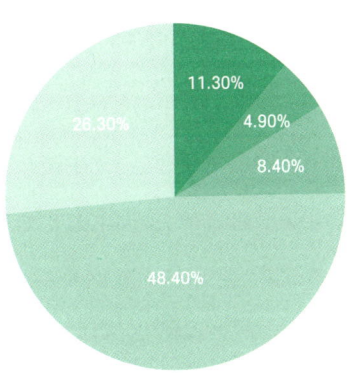

[피드백이 어려운 유형의 상황]

(진한 색에서 연한 색으로)
- 직급역전 상황의 피드백
- 이성간의 피드백
- 세대 차이가 큰 경우
- 개인 성향이 강한 경우
- 성과 저조자에 대한 피드백

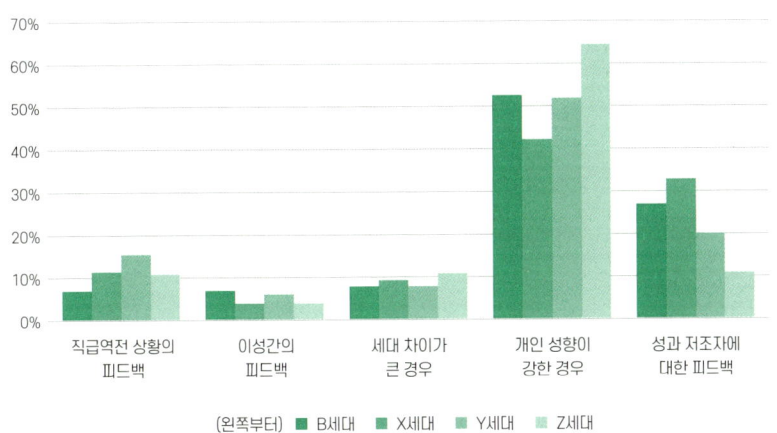

[피드백이 어려운 유형의 상황에 대한 세대별 교차 분석]

(왼쪽부터) B세대 ■ X세대 ■ Y세대 ■ Z세대

부록

팔로어 질문 1

상사에게 피드백을 받았을 때 어떤 느낌이 드나요?

팔로어들은 솔직한 피드백에 대해 고맙다고 느끼는 비율이 전체의 61%를 차지했다. 특히 Z세대에서 고맙다고 느끼는 응답자의 비율이 가장 높은 것으로 나타났다. 솔직한 피드백에 대해 전 세대가 높은 만족도를 느끼고 있다. '완전한 솔직함'을 피드백에서 중요하게 적용할 필요가 있다.

그러나 피드백에 대해 이해는 하지만 수용이 어려운 경우도 적지 않은 비율을 차지했다. 피드백 수용은 Z세대보다 X세대가 더 못하고 있는 것으로 나타났다. 팀 내 팔로어의 나이대가 높은 경우 피드백의 수용도를 높이는 기법을 활용하는 것이 요구된다.

[상사에게 피드백을 받았을 때 느낌(팔로어)]

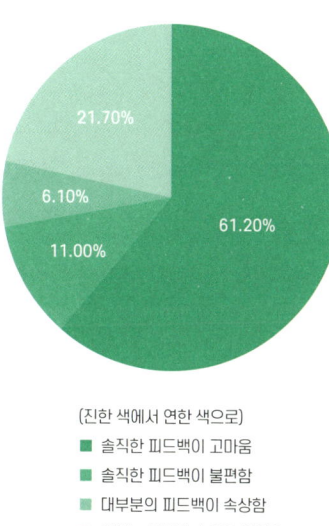

(진한 색에서 연한 색으로)
- 솔직한 피드백이 고마움
- 솔직한 피드백이 불편함
- 대부분의 피드백이 속상함
- 이해는 하지만 수용은 어려움

[상사에게 피드백을 받았을 때의 느낌에 대한 세대별 교차 분석(팔로어)]

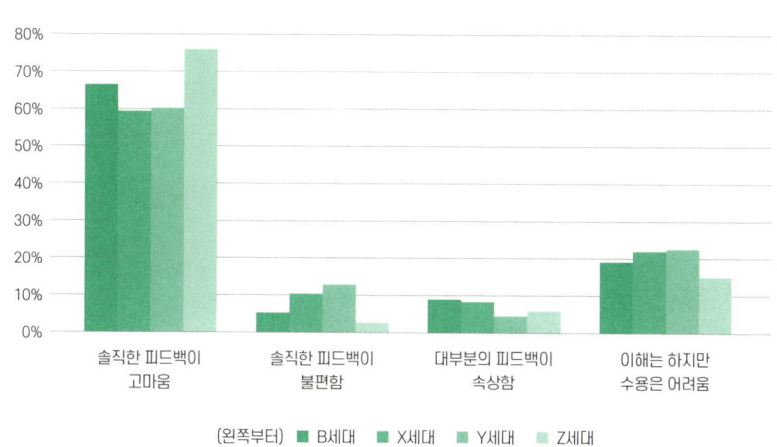

(왼쪽부터) ■ B세대 ■ X세대 ■ Y세대 ■ Z세대

팔로어 질문 2

피드백이 가장 필요한 순간은 언제인가요?

피드백이 가장 필요한 순간은 업무적으로 어려움이 있을 때라고 응답한 비율이 61%를 넘었다. 전 세대 모두 업무적 어려움에 대한 피드백을 가장 원하고 있음을 알 수 있다. 따라서 구성원들이 어떠한 업무상 어떤 어려움이 있는지 주의 깊게 관찰해 피드백하는 것이 필요하다. 다만 X세대의 경우 '관계적 어려움이 있을 때' 피드백이 필요하다고 응답한 인원의 비율이 다른 세대에 비해 높게 나타났다. 조직 경험이 많아서 업무적 부족함보다는 회사 내에서 관계적 어려움이 회사생활의 장애 요소임을 알 수 있었다. X세대 팔로어를 대상으로 리더가 관계 향상을 도울 수 있는 피드백 기법이 요구된다.

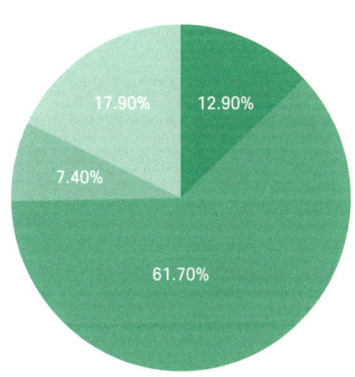

[피드백이 필요한 순간]

(진한 색에서 연한 색으로)
- 프로젝트 및 업무가 종료되었을 때
- 업무적 어려움이 있을 때
- 동료 혹은 상사와 관계적 어려움이 있을 때
- 성장(경력 고민이 있을 때)

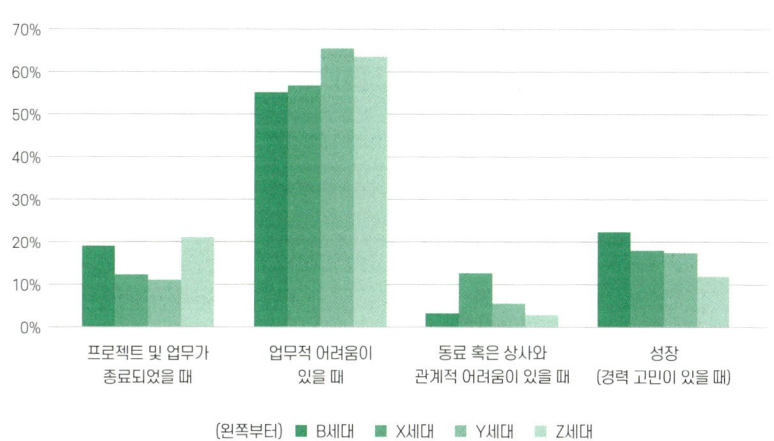

[피드백이 필요한 순간에 대한 세대별 교차 분석]

(왼쪽부터) B세대 | X세대 | Y세대 | Z세대

부록

팔로어 질문 3

기피하는 리더의 피드백 유형은 무엇인가요?

팔로어들은 피드백을 받을 때, '무논리형' 피드백을 기피하고 싶다고 응답한 비율이 가장 높게 나타났다. 또한 일방적, 감정적 유형 모두 기피하는 유형 피드백으로 나타났다. 세대별로 보면 Z세대는 감정형과 무논리형을 가장 기피하는 것으로 나타났고 특이하게도 '꼰대형 피드백'을 기피하고 싶다고 응답한 X세대의 비율은 가장 낮게 나타났다. 그들이 이미 조직 내에서 스스로 이 영역에 속해 낮게 응답했을 가능성이 높아 보인다. 나이가 많을수록 일방적 스타일을 기피하지만 오히려 젊은 세대(Z세대)는 상대적으로 기피율이 낮은 편이다. 이는 방향만 올바르면 일방적 스타일의 피드백도 다소 괜찮게 인식하고 있다는 것을 알 수 있다. 이러한 결과를 볼 때 조직에서 무논리형 피드백이 줄어들 수 있도록 리더들의 성찰과 학습 노력이 필요하다.

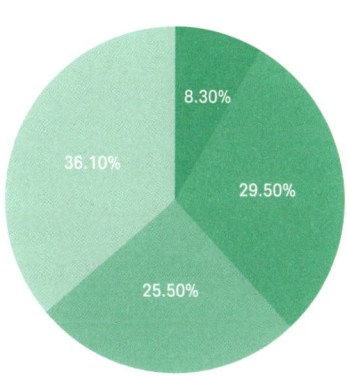

[기피하는 피드백 유형]

(진한 색에서 연한 색으로)
- '라떼는 말이야' 꼰대형 피드백
- '답정너' 스타일의 일방적인 피드백
- 앵그리버드형 감정적 피드백
- 공감이 되지 않는 무논리형 피드백

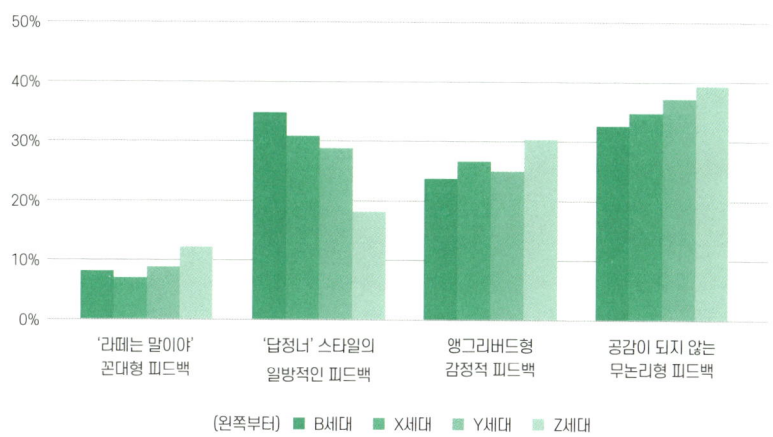

[기피하는 피드백 유형에 대한 세대별 교차 분석]

(왼쪽부터) B세대 ■ X세대 ■ Y세대 ■ Z세대

부록

팔로어 질문 4

어떤 리더 유형의 피드백이 가장 신뢰가 가고, 잘 수용할 수 있나요?

팔로어들은 '실질적인 도움을 주는 조언가형 리더'를 가장 신뢰하고, 이들의 피드백을 가장 잘 수용할 수 있다고 응답했다. 업무 피드백의 경우 실제 업무 향상, 업무 문제 해결에 집중해야 한다는 것을 알 수 있다. 세대별로 보면 베이비붐 세대와 Z세대는 솔직하고 진정성 있는 리더에 대한 선호도가 다른 세대에 비해 비교적 높게 나타나 이들은 솔직하고 진정성 있는 피드백을 더 많이 원하고 있음을 알 수 있다. 부서 내 나이가 많거나 적은 팔로어(베이비붐 세대, Z세대)에게는 보다 더 진정성 있게 접근할 것이 요구된다.

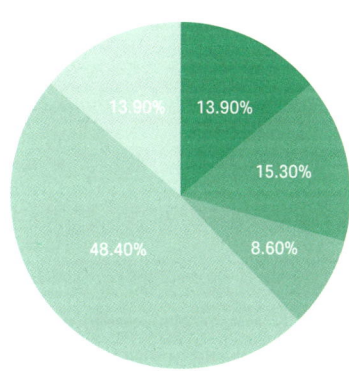

[신뢰가 가는 피드백 유형]

(진한 색에서 연한 색으로)
- 고민상담도 가능한 신뢰형 리더
- 수평적 소통이 가능한 리더
- 공감대가 형성되는 친근한 리더
- 실질적 도움을 주는 조언가형 리더
- 솔직하고 진정성 있는 리더

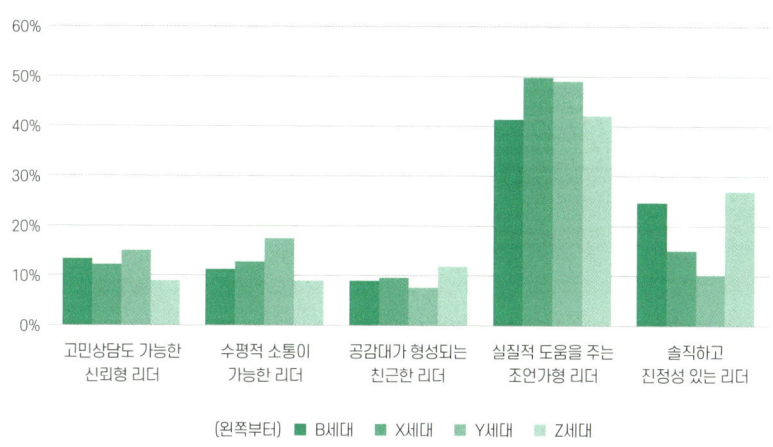

[신뢰가 가는 피드백 유형에 대한 세대별 교차 분석]

(왼쪽부터) ■ B세대 ■ X세대 ■ Y세대 ■ Z세대

팔로어 질문 5

어떤 피드백 유형을 가장 잘 수용할 수 있나요?

대부분의 팔로어는 논리적인 피드백을 잘 수용하는 것으로 나타났다. 이는 리더가 구체적이고 객관적 피드백을 원하고 있을 것이라 생각하는 것과 일치하는 결과라고 볼 수 있다. 리더는 보다 논리적이고 구체적이며 객관적인 피드백을 하려고 노력해야 한다.

세대별로 보면 Z세대는 다른 세대에 비해 평소 신뢰하는 리더가 이야기할 때, 혹은 감정을 이해하고 공감해줄 때 피드백을 수용할 수 있다고 응답한 인원의 비율이 상대적으로 높게 나타났다. 감정에 대한 이해는 다른 세대는 응답자가 적은데 Z세대의 경우 이 부분이 상대적으로 높다. 결론적으로 논리 중심의 피드백이 가장 중요하지만 젊은 세대의 경우 사전에 더 많은 신뢰를 쌓고, 감정을 더 이해하는 피드백을 할 필요가 있다.

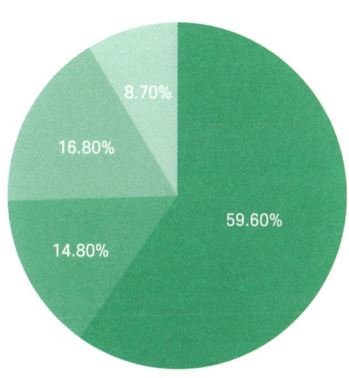

[잘 수용할 수 있는 피드백의 유형]

(진한 색에서 연한 색으로)
- 피드백이 논리적으로 타당할 때
- 스스로 필요성을 느낄 때
- 평소 신뢰하는 리더가 이야기할 때
- 감정을 이해하고 공감해줄 때

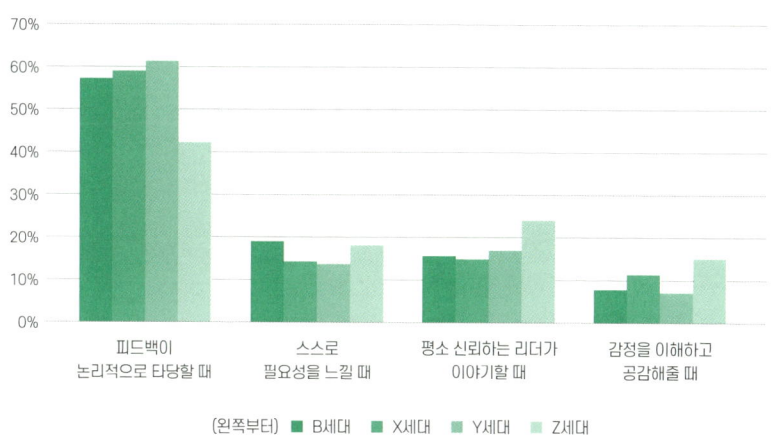

[잘 수용할 수 있는 피드백에 대한 세대별 교차 분석]

(왼쪽부터) ■ B세대 ■ X세대 ■ Y세대 ■ Z세대

부록

리더, 팔로어 동일 질문 1

어떤 피드백 유형을 가장 잘 수용할 수 있나요?

리　더: 팔로어가 어떤 피드백을 바란다고 생각하시나요?
팔로어: 리더가 어떤 피드백을 해주기를 원하나요?

　리더와 팔로어 모두 업무 중심의 구체적인 방법론을 제시해달라는 응답 비율이 가장 높게 나타났다. 그다음 객관적이고 공정한 피드백을 원하고 있었다. 응원과 격려는 실제로는 팔로어 입장에서는 그리 많이 원하고 있지 않은 것으로 나타났다.

　종합해보면 리더나 팔로어 입장에서 응원과 격려도 중요하지만 업무 중심의 구체적, 객관적, 공정한 피드백을 먼저 하는 것이 무엇보다 중요하다고 할 수 있다. 세대별로 보면 Z세대 리더는 객관적이고 공정한 피드백을 바랄 것이라고 예상한 응답 비율이 가장 높게 나타났는데, 실제로 Z세대 팔로어들은 공감적이고 정서적인 피드백을 상대적으로 더 높게 원하고 있었다.

리더
[팔로어가 바라는 피드백에 대한 인식]

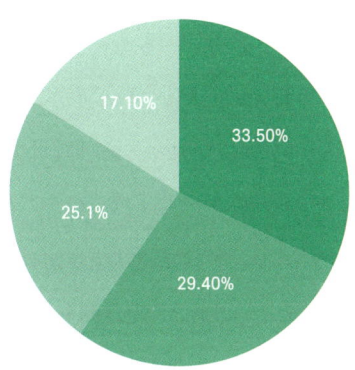

(진한 색에서 연한 색으로)
- 업무 중심의 구체적 방법론 제시
- 객관적이고 공정한 피드백
- 공감적이고 정서적인 피드백
- 응원과 격려

[팔로어가 바라는 피드백에 대한 세대별 교차 분석]

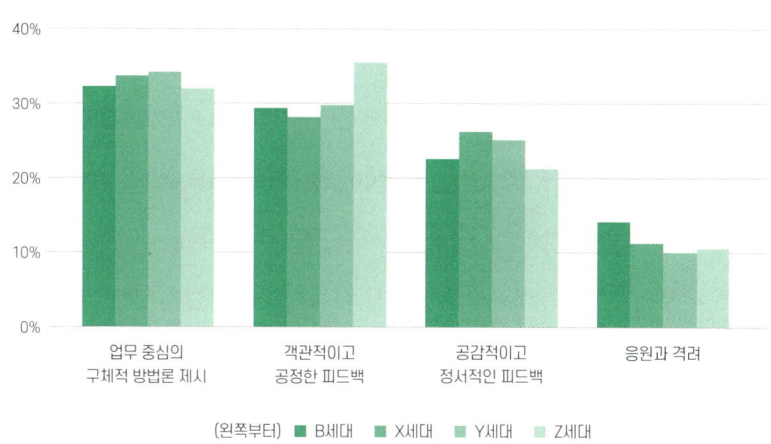

(왼쪽부터) ■ B세대 ■ X세대 ■ Y세대 ■ Z세대

팔로어
[리더에게 바라는 피드백]

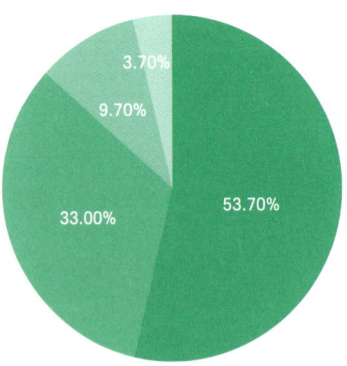

(진한 색에서 연한 색으로)
- 업무 중심의 구체적 방법론 제시
- 객관적이고 공정한 피드백
- 공감적이고 정서적인 피드백
- 응원과 격려

[리더에게 바라는 피드백에 대한 세대별 교차 분석]

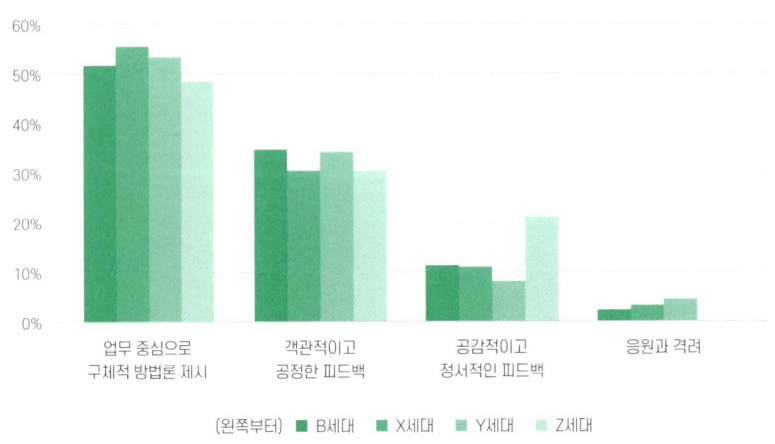

(왼쪽부터) ■ B세대 ■ X세대 ■ Y세대 ■ Z세대

리더, 팔로어 동일 질문 2

비대면 환경에서
피드백 빈도에 변화가 있나요?

코로나19 이후 비대면 환경이 지속되고 있으나, 리더와 팔로어 모두 동일한 수준의 피드백이 진행되고 있다고 생각하고 있다. 하지만 약 30%는 비대면 업무 환경으로 인해 피드백이 감소했다고 응답했다. 특이한 점은 리더들은 18% 가까이 피드백이 더 증가한 것으로 인식하고 있지만 팔로어는 8%만 비대면 상황에서 피드백이 증가했다고 응답해서 차이가 큰 것으로 나타났다.

세대별로 보면 X세대 리더는 더 많은 비대면 환경에서 피드백하려고 노력하고 있다고 생각하고 있다. 하지만 이 부분도 X세대 팔로어와 답변이 상이하며, X세대 팔로어들은 피드백이 더 많이 감소한 것으로 인식하고 있다. 비대면으로 인해 피드백이 리더 및 팔로어 모두 동일하거나 줄어든 것으로 인식하고 있기 때문에 리더들은 비대면 상황에서도 다양한 방법(온라인 회의 플랫폼)을 활용해서 더 많은 피드백을 할 필요가 있다. 특히 X세대 팔로어가 가장 피드백이 줄었다고 생각하는 것으로 나타났으므로 X세대 팔로어에게 온라인 피드백의 가치를 인식시키고, 더 참여하게 할 필요가 있다.

리더

[비대면 환경에 따른 피드백 변화]

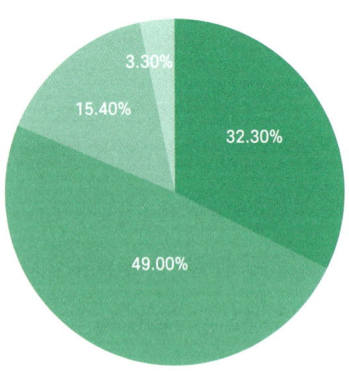

(진한 색에서 연한 색으로)
- 비대면으로 인해 피드백 감소
- 변화 없음(오프라인과 동일)
- 조금 증가함
- 매우 증가함

[비대면 환경에 따른 피드백 변화에 대한 세대별 교차 분석]

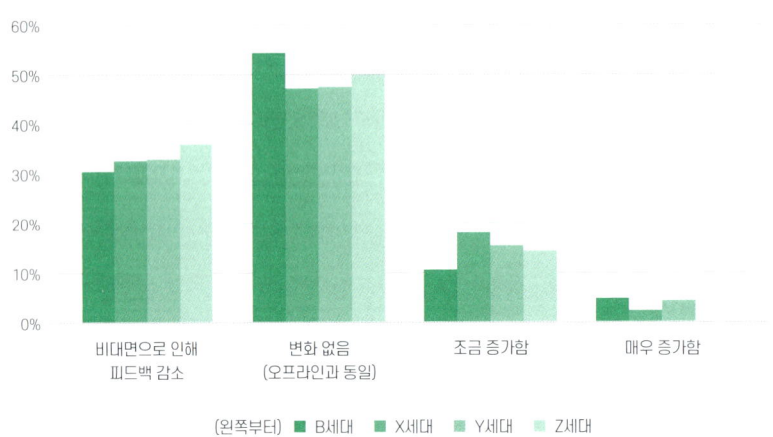

(왼쪽부터) B세대 ■ X세대 ■ Y세대 ■ Z세대

팔로어

[비대면 환경에 따른 피드백 빈도 변화]

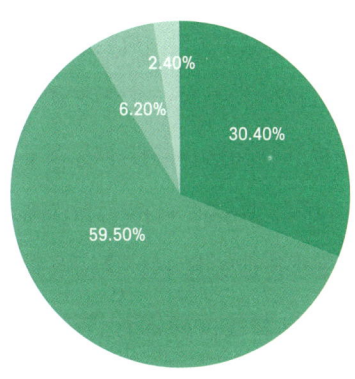

(진한 색에서 연한 색으로)
- 비대면으로 인해 피드백 감소
- 변화 없음(오프라인과 동일)
- 조금 증가함
- 매우 증가함

[비대면 환경에 따른 피드백 빈도 변화에 대한 세대별 교차 분석]

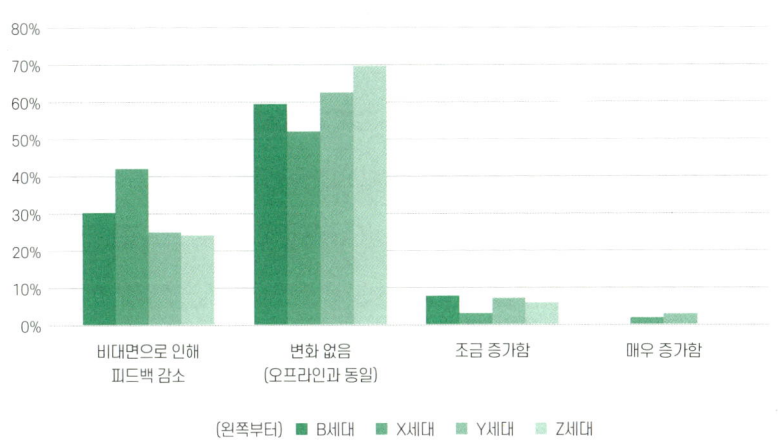

(왼쪽부터) B세대 ■ X세대 ■ Y세대 ■ Z세대

부록

부록 2

피드백의 이론적 배경 및
피드백의 구성요소

- 피드백 관련 이론 연구결과 조사 배경 -

어떻게 하면 피드백을 잘할 수 있을까? 피드백을 잘하기 위해서는 어떤 요소들이 필요할까? 피드백을 구성하는 요소들로 무엇을 어떻게 하면 피드백을 더 효과적으로 만들 수 있을까? 피드백의 구성요소를 독립변수처럼 생각한다면, 각각의 구성요소들을 잘하도록 훈련함으로써 좋은 피드백에 좀 더 가까이 다가갈 수 있을 것으로 생각했다. 따라서 저자들이 가장 먼저 논의한 것은 피드백의 구성요소였다.

논의를 위해 가장 빠르고 효과적인 방법은 과거 연구결과를 탐색하는 것이었다. 다행스럽게도 피드백의 효과성에 대해서는 참고할 만한 다양한 연구들이 있었다. 그중 기본적으로 알아두면 좋을 내용을 모아 실었다. 조사한 내용이 리더들의 지식 확장에 도움이 될 수 있기를 바라는 마음도 함께 담았다.

피드백의 이론적 배경

1. 피드백의 개념과 정의

피드백의 개념은 자연과학 분야에서 발전해왔다. 통상적인 피드백의 정의는 '어떤 원인에 의해 나타난 결과가 다시 원인에 작용해 그 결과를 줄이거나 늘리는 자동 조절 원리(두산백과)' 또는 '입력과 출력을 갖춘 시스템에서 출력에 의해 입력을 변화시키는 일(네이버 국어사전)'로 표현하고 있다. 사회적 관점의 피드백의 정의는 시대가 변하고 관점이 확장됨에 따라 다양하게 변화해왔다. 초기의 학자들은 피드백을 단순히 어떤 원리나 정보 단위의 개념으로 정의하거나, 피드백을 활동의 개념으로 파악해 일련의 프로세스로 정의하기도 했다. 그 사례를 살피면 다음과 같다.

- 피드백은 어떤 원천으로부터 제공되는 개인의 업무성과와 관련된 정보가 포함된 메시지다(Ilgen, Fisher & Taylor, 1979).
- 피드백이란 개인이나 집단에게 그들의 과거 행동이나 성과에 대한 양적. 질적인 정보를 제공해주는 것이다(Prue & Fairbank, 1981).
- 조직 구성원들이 여러 목표를 달성하기 위한 행동의 적절성이나 정확성을 판단하도록 도와주는 다양한 분야의 정보를 제공하는 것이다(Ashford, 1986).
- 개인이 직무에 활용할 수 있는 정보로서, 목표 달성 수준, 조직이 바라는 바 그리고 직무관련 행동에 대한 평가를 전달하는 기능이 있다(Steelman, 2004).
- 피드백은 조직의 맥락 안에서 피드백을 얻은 사람이 정보를 내면화해 변화를 일으키는 과정이며, 변화는 피드백과 구성원 간의 상호작용을 통해 일어난다(윤선경·송영수, 2017; 조대연·이윤수·설현수, 2013).

오늘날 이루어지는 피드백 활동은 과거와는 달리 매우 복잡하다. 피드백의 환경과 상황에 따른 효과성을 고찰함과 동시에, 개인에서부터 조직 차원의 관점까지 피드백 영역의 확장을 고려할 필요가 있다.

2. 피드백 연구 동향

피드백은 인간 행동의 개선에 관심을 두는 연구 분야에서 처방적 대안으로 주로 거론되었으며, 교육과 훈련 분야에서 활발히 연구되었다. 1950년대 이후로는 행동주의적 관점, 즉 인간의 행동에 따른 직접적 반응보다는 인간의 인지 활동을 중심으로 설명하려는 시도가 많았고 이러한 접근 중의 하나가 귀인이론이다. 귀인이론에서는 인간 행동의 원인을 개인의 인지와 정서적 반응에 따르는 것이라고 설명한다. 귀인이론은 조직의 교육훈련이나 학교 수업에 영향을 미쳤고, 교사들은 학습 성취도에 영향을 미치는 귀인 요소에 관심을 가지기 시작했다. 일부 교사들은 동기유발과 자기존중감 향상을 위해 피드백을 활용하고자 했다. 그들은 학생들이 자신의 능력을 인지하도록 귀인적 메시지, 즉 피드백을 성과 향상의 기술로 사용하려고 노력했다. 학교 수업에서의 성공적 활용을 바탕으로, 개인의 성취와 동기부여를 위한 새로운 촉진 기술은 조직사회의 여러 분야로 확산되었다.

1960년대와 1970년대 초기에는 피드백의 효과성에 대한 관심이 높아지기 시작했다. 효과성을 검증하기 위해서는 측정 대상을 명확히 해야 했다. 피드백의 정의는 정보전달을 위한 '메시지'의 개념으로 이해되었으며, 피드백 효과성을 검증하기 위해서 개인에게 제공되는 피드백의 총량을 고려하거나, 긍정적·부정적 피드백의 유형에 초점을 맞추었다(Greller & Herold, 1975).

1980년대 이후로는 피드백 효과성에 영향을 미치는 요소에 대한 관심을 피드백 주체뿐만 아니라 피드백 수용자에 대한 관점으로 확장했다. 기존에는 피드백을 제공하는 상사, 동료, 교사에 대한 관점에서 연구를 수행했다면, 피드백을 수여받는 대상자에게로 관심의 영역이 확장된 것이다. 애시포드와 커밍스는 다수의 다양한 조직에서 피드백 대상자들을 관찰했다(Ashford and Cummings, 1983). 그들은 바람직한 업무 수행에 있어서 피드백이 도움이 된다고 판단한다면 구성원들이 상사의 피드백을 자발적으로 적극 수용할 것이라고 가정해 연구를 수행했다. 그들은 이와 같은 구성원들의 행동을 피드백 추구행동Feedback Seeking Behavior이라고 했으며, 피드백을 추구하고자 하는 개인의 가치, 수용성, 활용성을 결정하는 데 있어서 구성원의 피드백 지향Feedback Orientation 수준을 중요한 요소로 간주했다.

1990년대 이후로는 성과 관점에서 조직의 피드백 환경에 대한 연구가 활발해졌다. 피드백을 주고받는 사람의 특성에 대한 관심에서, 조직에서의 피드백 문화가 구성원 간의 피드백을 얼마나 지원하고 있으며, 그 결과 피드백 활성화 분위기가 개인과 조직의 성과 향상에 어떤 영향을 미치는지에 대한 관심으로 확장되었다. 클루거와 드니시는 조직의 피드백 개입Intervention이 개인의 성과에 매우 효과적이고 긍정적인 영향을 미치게 된다는 것을 밝혀냈다(Kluger and DeNisi, 1996). 이에 앞서 애시포드와 커밍스는 구성원들이 조직에서 자신의 목표를 달성하기 위해서는 비공식적이고 일상적인 대화를 통해 업무와 관련된 정보를 획득할 수 있어야 한다고 주장했다. 이는 저자들이 강조한 상시 피드백의 생활화, 즉 스몰토킹Small Talking을 통한 일상에서의 피드백 활성화와도 연결된다. 또한 스틸먼과 레비, 스넬은 피드백 추구 행동을 장려하는 문화가 성숙한 조직일수록 상사와 동료들 간의 접촉 빈도가 활발하다는 것을 확인했다(Steelman, Levy, and Snell, 2004).

다수의 연구결과를 통해 조직의 성과와 피드백 활동은 상관관계가 있으며, 개인과 조직의 성장을 원한다면 개개인의 노력뿐만 아니라 조직차원에서도 피드백 환경 개선과 피드백 활성화 문화를 만들기 위한 개입이 필요하다는 것을 알 수 있다. 애시포드(1986)는 피드백이 조직에서 중요하게 다루어지는 이유에 대해 다음과 같이 설명했다.

- 피드백은 조직에서 구성원들이 목표를 달성하기 위해 취하는 행동이 적절한지, 그리고 이러한 행동들이 타인에게 어떻게 평가받는지에 대한 정보를 제공하며, 이를 통해 불확실성을 줄여준다.
- 피드백은 과업상황에서 다양한 목표 중 상대적인 중요성에 대해 명확하게 알게 해준다.
- 과업에 대한 구성원들 개인의 역량을 평가하도록 돕는다.

지금까지 피드백의 연구동향을 살펴보았다. 이제 피드백 자체의 특성인 정보전달 메시지 관점에서의 피드백과 학습자 요인, 그리고 조직 관점에서의 피드백을 주제로 피드백 구성요소의 특징을 알아보고, 좋은 피드백을 위해서는 어떻게 피드백을 준비하고 실행해야 할지 성찰해보고자 한다.

피드백의 구성요소

1. 피드백 자체의 특성 요인

　정보제공 메시지 관점에서 구성요소들이 피드백의 효과성에 어떻게 영향을 미치는지 살펴보자. 립네비치(Lipnevich, 2016)를 비롯한 여러 연구자들은 피드백의 효과성을 분석하기 위해 '피드백의 주체 또는 피드백 자체의 특성' 요인과, 피드백을 받는 '학습자 요인' 간의 상호 작용을 중심으로 다양한 조건을 적용해보았다. 여기서 피드백의 특성 요인은 피드백의 시기, 내용, 수준 등으로 설정했으며, 학습자 요인은 피드백의 대상이 되는 구성원 또는 학습자의 능력, 수용성 등으로 정의한다. 일반적인 예측으로, 효과적인 피드백은 어느 한 가지 요소에 의해 결정되는 것이 아니라, 각 구성요소가 서로 적절한 조건에서 작용할 때 최상으로 발현될 것이다. 피드백의 정보적 가치를 높이기 위해서는 학습자 특성을 고려해 피드백 메시지의 내용, 기능 및 제시 형식을 조정하는 것이 필요하다.

1) 피드백 기간

통상적으로 피드백 기간이 길수록, 학습자가 정보를 얻을 기회가 많아지므로 효과가 커질 것으로 예상된다. 그러나 통계적 신뢰성에 있어서 다소 부족한 결괏값을 보이기는 했지만, 여러 연구결과에서는 오히려 피드백 지속기간이 길어질수록 효과성이 감소하는 것으로 나타났다. 만일 피드백 제공자가 기간을 통제할 수 없다면, 피드백을 통해 제공하는 메시지의 다변화 및 심층화를 통해 효과성을 지속하려는 노력도 필요할 것이다.

> **핵심정리 1.**
> 피드백 기간이 길어질수록 피드백의 효과성이 감소할 수 있다.

2) 피드백 내용의 구체성

피드백 내용에 포함된 정보의 수준에 따라 피드백의 구체성은 다음과 같이 3가지 유형으로 구분된다.

- 정오 제공형(Knowledge of Results: KR)
- 정답 제공형(Knowledge of Correct Response: KCR)
- 정교화 피드백 또는 관련 정보 제공형(Elaborated Feedback: EF)

일반적으로 학습자에게 정답 없이 채점 결과만 알려주는 정오 제공형 방식만을 제공하면 학습자는 피드백의 유용성을 인식하지 못하거나 좌절감을 느낄 수 있다. 그러나 학습자에게 옳고 그름에 대한 정보와 함께 구체적인 설명도 제시해주었을 때, 비로소 정답을 찾아가는 확률이 높아지는 현상, 즉 학습 효과성이 향상되는 것으로 밝혀졌다

핵심정리 2.
피드백 내용이 구체적일수록 피드백 효과성이 높아진다.

3) 즉각적인 피드백과 지연된 피드백

일반적인 기업에서의 피드백은 상사가 구성원에게 실시하는 성과 피드백이 일반적이며, 최근에는 동료들이 상호간에 실시하는 다면 피드백이 실시되는 경우도 있다. 또한 피드백을 제공하는 시점에 따라서는 즉각적 피드백과 지연된 피드백으로 나누어 실시하기도 한다.

피드백 대상에 따른 유형	피드백 제공 시점에 따른 유형
성과 피드백 (상사 → 구성원) 다면 피드백 (동료 → 구성원)	즉각적 피드백 지연된 피드백

학습자에 대한 즉각적인 피드백은 다양한 연구결과를 종합해보았을 때 보통 수준에 가까운 효과를 보인 반면, 지연된 피드백은 통계적으로 의미 있는 결과를 나타내지 못했다. 여러 상황에서도 즉각적인 피드백

은 나쁘지 않은 결과를 보여주므로 피드백 제공자들은 즉각적인 피드백을 당연히 활용하는 것이 좋으며, 지연된 피드백은 효과성 예측이 불가하므로 특정한 조건과 상황을 고려해 활용하는 것이 좋은 것으로 판단되었다.

핵심정리 3.
지연된 피드백보다는 즉각적인 피드백이 효과적이다.

4) 피드백 제공 주체

피드백을 제공하는 주체를 구분할 때 학교 환경에서는 교사, 동료, 웹프로그램이 있으며, 전통적으로는 교사의 피드백이 가장 정확한 방식으로 여겨진다. 최근에는 동료가 피드백을 제공했을 때, 흥미가 높아지고 성찰도 활발해져서 학습 효과성이 향상되는 결과가 나타나기도 했다. 기업 환경에 대입해보면 상사, 동료, 인사 시스템 등으로 생각해볼 수 있다. 조직 내에서 상사의 피드백 기술을 향상시키려는 노력과 동시에, 동료 직원들과의 협업 문화를 장려하고, 소통을 통한 상호 피드백을 활성화하는 것이 효과적일 수 있음을 시사한다.

핵심정리 4.
상사의 피드백이 가장 효과적이며
동료 간에는 흥미를 높이고 성찰을 활발하게 하는 피드백 방식이 좋다.

5) 피드백 정보 전달에 있어서의 개별화 여부

같은 정보를 다수의 학생에게 전달해야 하는 경우는 집단 피드백이 효과적이다. 이는 공지사항 전달이나 설명회 수준으로 정보를 제공할 경우 개별적으로 정보를 제공하는 것보다는 더 효과적이라는 것을 말한다. 또한 집합 교육의 당위성 설명에 적절한 근거가 될 수 있다. 학습자의 특성을 고려해야 할 상황이라면 개별화된 피드백 방식이 학습에 어려움을 보이는 학생에게 즉각적인 개입을 할 수 있어 더 효과적이다. 이러한 관점에서는 일반적으로 집단이 작아지거나 개별적으로 피드백을 제공하는 것이 효과적으로 여겨진다. 많은 양의 동일한 정보는 집단 피드백을 활용하고, 정보의 내용에 있어서 개별화 정도에 따라 소규모 집단이나 개별 피드백을 활용하는 것이 적절하다.

> **핵심정리 5.**
> 피드백 정보의 개별화 정도에 따라
> 집단 또는 개인별 피드백의 효과성이 달라진다.

6) 피드백 전달방식

피드백 전달방식에는 구두, 서면, 온라인 방식이 있으며, 구두 피드백은 상호작용이 활발한 낮은 학년에서 효과적인 반면, 서면 피드백은 피드백 내용을 재검토할 수 있는 기회가 제공된다는 장점이 있기 때문에 고학년이나 프로젝트 수행과 같은 구체적인 정보가 필요한 과제에서 효과적인 것으로 나타났다.

핵심정리 6.
**일반적으로는 구두 피드백이 효과적이고
고난도 업무 환경에서는 서면 피드백이 효과적이다.**

지금까지 피드백 특성요인에 따른 피드백 효과성을 살펴보았다. 이를 바탕으로 좋은 피드백을 위한 요건을 정리한다면 다음과 같다.

좋은 피드백을 위한 요건
- 피드백 기간은 길지 않게 구성한다.
- 피드백 내용은 구체적으로 제공한다.
- 피드백은 즉각적으로 하는 것이 좋다.
- 상사의 피드백과 더불어 동료 간의 피드백을 활용하는 것이 효과적이다.
- 피드백 효과성 측면에서는 집단 피드백보다 개별화된 피드백이 효과적이다.
- 구두 피드백이 효과적이며, 자세한 정보는 서면으로 피드백한다.

2. 피드백 학습자 요인

1) 학년, 학급 등 계층 특성

저학년의 경우, 교사와 학생 간에 상호작용이 활발하고 피드백을 제공할 수 있는 기회가 많으므로 피드백의 효과도 높을 것으로 예상할 수 있다. 하지만 학년이 올라가면서 피드백의 효과가 감소했는데, 이는 교사와 상호작용의 기회가 줄어들어 개별적 피드백의 빈도가 감소하는 경향 때문으로 보인다. 반면 고등학교에 있어서는 학생의 인지 수준이 높고 반성적 사고가 발달해 피드백 정보를 잘 활용하기 때문에 오히려 피드백의 효과가 높게 나타난다는 연구결과도 있다(홍소영, 2018).

이 결과를 기업에 적용한다면, 신입직원의 경우 초기적응에 있어서 멘토링과 같은 개입이 피드백 효과성에 있어 긍정적 결과가 있을 것으로 예상되며 중요한 성장 단계, 즉 인사평가 혹은 승진을 앞두거나 중요한 프로젝트를 수행하는 단계에서는 상사나 동료와의 집중적인 상호작용과 피드백 활용을 통해 효과성을 높이는 것이 유효할 것이다.

핵심정리 7.
급격한 역량 향상이 필요한 단계의 구성원일수록
피드백 효과성이 높아진다.

2) 집단 크기

앞에서 언급한 바와 같이 일반적으로 대규모 집단보다는 소규모 집단이나 개별화된 환경에서 피드백 효과가 더 크다.

3) 성취 수준과 피드백 구체성

개개인의 성취 수준은 다른 구성요인의 영향력을 뛰어넘어 피드백 효과성을 달라지게 하는 강력한 요인 중의 하나다. 성취 수준은 개인의 능력, 동기 등과 같은 특성을 통합적으로 표현한 것이라고 할 수 있다.

앞서 피드백 내용이 구체적일수록 피드백 효과성이 높아진다는 것을 언급했다. 동일한 연구를 수행하는 과정에서 학자들은 상반된 결과를 발견했는데, 성취 수준이 낮은 학생들은 정교화 피드백(EF) 조건에서 높은 점수를 보였으나, 성취 수준이 높은 학생은 단순히 정답 수준의 결과만 알려주는 확인적 피드백(KCR) 조건에서 높은 점수를 보였다.

마찬가지로 초기 지식이 부족한 학생은 정교화 피드백(EF)이 효과적이었으나, 초기 지식이 있는 학생은 확인적 피드백(KCR)이 효과적인 것으로 나타났다. 이는 인지부하이론(Sweller, 2010)과 관계가 있다. 인지부하이론Cognitive Load Theory, CLT이란, 일반적으로 과제 해결에 요구되는 인지자원의 양이 학습자의 역량 즉, 인지구조가 보유하고 있는 자원의 용량을 초과할 때 인지 과부하Cognitive Overload가 발생하는 것을 말한다. 초기 지식을 소유하고 있는 학생에게는 교사의 자세한 피드백이 오히려 인지부하를 증가시킬 수 있으나, 초기 지식이 부족한 학생은 교사의 구체적인 피드백이 새로운 과제에 대한 인지적 부담을 줄여주기 때문에 피드백이 효과적으로 작용한다고 설명한다.

> 핵심정리 8.
> 초보자에게는 구체적인 피드백이 효과적이며
> 고성과자에게는 단순 명료한 피드백이 효과적이다.

4) 성취 수준과 피드백 시기

개인의 성취 수준과 피드백 시기에 있어서도 상호작용이 존재한다.

초기 지식이 부족한 학생은 즉각적 피드백이 효과적이며, 초기 지식을 지니고 있는 학생은 지연적 피드백이 효과적인 것으로 나타났다. 이는 동일한 수준의 피드백 정보를 제공한다고 할 때, 성취 수준이 높은 학습자는 지연된 피드백을 통해 스스로의 학습 효과성을 높일 수 있기 때문인 것으로 판단된다.

> **핵심정리 9.**
> 초보자에게는 즉각적 피드백이 효과적이며
> 고성과자에게는 지연된 피드백이 효과적이다.

5) 긍정 피드백과 부정 피드백

학습자에게 피드백은 동기부여의 도구로 개인에게 자기효능감, 유능감, 성취감을 부여한다. 개인은 피드백을 통해 성과, 역량을 판단할 수 있을 때 내재적 동기부여를 느낀다. 학습이나 업무수행 결과에 대한 피드백 정보는 성과에 대한 보상이라는 외재적 동기부여라는 기대감으로 이어지기도 하며, 바람직한 행동으로의 변화를 유도함으로써 구성원의 육성도구로도 활용된다.

행동주의 관점에서 긍정 피드백과 부정 피드백은 '상과 벌'이라는 개념으로 작용하면서 행동을 부가시키기 위한 강화Reinforcement의 방법으로 활용된다. 긍정 피드백은 바람직한 행동을 더 하도록 만드는 강화 역할을 하며, 부정 피드백은 원하지 않는 행동을 하지 않도록 만든다. 긍정 피드백은 개인에게 자신의 업무를 잘 수행하고 있다는 것을 확인해주는 역할을 하게 되는데 승락, 만족, 칭찬을 활용하거나 보상에 대한 약속을 암시하는 방법으로 표현되기도 한다. 부정 피드백은 업무 수행에 대한 잘못이나 개선해야 할 사항을 지적해주는 것으로서, 개선될 가능성이 희박한 상태의 대상자에게 주로 활용하게 되며, 피드백 대상자에게 처벌, 경고, 비판의 메시지를 암시하게 된다.

긍정 피드백과 부정 피드백이 주어지는 환경이 처음부터 다르기 때문에, 대상자가 수용하는 데 있어서 초기에는 신뢰차 Credibility Gap가 발생하기도 한다. 따라서 부정 피드백을 잘하기 위해서는 전문가의 도움이나 충분한 교육 훈련을 통해 올바른 피드백 기술을 습득하는 것이 중요하다. 조직에서는 처음에 긍정 피드백이 부정 피드백보다 많이 수용되지만, 조직 또는 집단이 피드백 자체를 수용하고 익숙해지면, 신뢰도와 수용도의 차이는 없어지는 결과를 보이기도 한다(Morran, Stockton,1980; Robinson,1985). 이는 피드백이 활성화된 조직에서는 부정 피드백도 자연스럽게 이루어질 수 있으며 부정 피드백이 사람에 대한 비난으로 인식되지 않고, 상대방의 발전을 위한 도움의 차원으로 이루어지는 피드백으로 인식될 수 있다는 것을 보여준다.

핵심정리 10.
바람직한 행동을 강화하기 위해서는 긍정 피드백이 효과적이다.

핵심정리 11.
바람직하지 않은 행동을 개선하기 위해서는 부정 피드백이 효과적이다.

6) 개인의 인식변화를 유도하는 교정적 피드백

조직에서 성과 향상이나 직무 동기를 높이기 위해 부정 피드백이 종종 사용된다. 부정 피드백은 '파괴적 비평'과 '건설적 비평'으로 나뉘는데 '파괴적 비평'은 원인이 업무 수행자의 내적인 면에 있다고 귀인해 판단하는 반면, '건설적 비평'은 원인을 업무 수행자의 성향이나 내적 요인이 아닌 외부 환경에 귀인해 설명하려고 노력한다. 건설적 비평에서는 학습자 또는 업무 수행자에게 영향을 미치는 환경 요인과 상황을 구체적으로 기술하게 되는데 이때 '교정적 피드백'이 활용된다. 인지주의 관점에서 내재적 동기부여는 개인의 인식 변화를 바탕으로 하는데, 이는 타인의 피드백을 통해 개인이 '역량감'을 인식하게 될 때 비로소 얻어지게 된다. 이때 피드백은 교정적 정보Corrective Information로서의 기능을 한다.

핵심정리 12.
부정 피드백의 방법으로는 교정적 피드백이 효과적이다.

지금까지 학습자 요인에 따른 피드백 효과성을 살펴보았다. 학습자 요인은 기존의 피드백 특성요인과 상호작용을 일으키는 부분도 있었다. 지금까지의 결과를 바탕으로 좋은 피드백을 위해 생각해보아야 할 학습자 특성은 다음과 같다.

좋은 피드백을 위해 기억해야 할 학습자 요인
- 급격한 역량 향상이 필요한 단계의 구성원일수록 피드백 효과성이 높아진다.

- 초보자에게는 구체적인 피드백이 효과적이며, 고성과자에게는 단순 명료한 피드백이 효과적이다.
- 초보자에게는 즉각적 피드백이 효과적이며, 고성과자에게는 지연된 피드백이 효과적이다.
- 바람직한 행동을 강화하기 위해서는 긍정 피드백이 효과적이다.
- 바람직하지 않은 행동을 개선하기 위해서는 부정 피드백이 효과적이다.
- 부정 피드백의 방법으로는 교정적 피드백이 효과적이다.

3. 조직 관점에서의 피드백 요인

조직에서의 피드백은 어떤 의미며, 어떻게 활용될 수 있는가? 저자들은 조직 관점에서의 피드백에 대한 연구논문을 다수 발견했다. 기존에는 정보를 전달하는 메시지 관점에서 피드백 자체의 특성 및 피드백을 주고 받는 대상자들의 특성에 대한 연구가 주를 이루었다면, 조직의 성과에 대한 관심이 높아지면서 조직 차원에서의 피드백 역할에 대한 연구가 늘어나기 시작했다. 이런 연구들은 주로 피드백을 장려하는 문화, 피드백이 활발하게 이루어지는 환경, 피드백을 추구하는 개인의 수용성 등으로 조직과 개인을 분리해 바라보기 시작했다.

조직에서의 피드백이란, 개인의 행동이 목표를 달성하기 위해 제대로 진행하고 있는지 혹은 이탈하고 있는지를 알려주는 쌍방향 커뮤니케이션 과정Two-way Communication Process으로, 새로운 과업이나 직무의 학습 과정에서 개인의 노력 수준을 강화시켜 결과를 개선하며 동기부여

차원에서 중요한 요소다(Farr, 1993; Becker, 1978). 기업의 역사를 통해 사람들은 구성원의 역량 개발이 기업의 경쟁력 지속과 밀접한 관계가 있다는 것을 깨닫기 시작했다. 기업의 경쟁우위 지속을 위한 인적자원 개발과 다양한 경영기법이 발달하면서, 동기부여, 성과 향상을 촉진하는 피드백에 대한 관심이 점점 높아지고 있다.

1) 피드백의 환경적 구성요소

피드백 환경이란 피드백과 관련된 조직의 문화가 어떻게 구성되는가를 의미하며 피드백의 질을 향상시키고, 피드백의 중요성을 강조하고, 구성원들이 원활하게 피드백을 주고받으며, 피드백 교류를 지원하는 '피드백 지향적 문화'로 정의된다(Levy, Albright, Cawley, & Williams, 1995; Steelman, Levy & Snell, 2004). 조직에서 피드백이 활성화되려면 피드백 문화뿐만 아니라 피드백을 추구하고자 하는 개인의 가치, 수용성, 활용성이 중요하며 이것을 '개인 차원의 피드백 지향'이라고 말한다. 피드백 환경, 즉 '조직의 피드백 지향적 문화'와 '개인의 피드백 지향'이 조화를 이룰 때 피드백의 효과성은 높아질 것이다.

핵심정리 13.
조직의 피드백 지향 문화가 발달하면 피드백 효과성이 향상된다.

핵심정리 14.
개인의 피드백 지향 수준이 향상되면 피드백 효과성이 향상된다.

다음은 피드백 환경을 이루는 구성요소들의 하위 개념이다.

피드백 신뢰성 Source Credibility

이는 조직 구성원이 제공된 피드백을 얼마나 신뢰하는지 여부를 의미한다. 피드백 제공자의 전문성, 판단 능력, 일관성, 피드백의 유용성, 관찰 등이 중요한 요소다.

> **핵심정리 15.**
> 피드백 제공의 신뢰성 요인(전문성, 판단 능력, 일관성, 유용성, 관찰 내용 등)을 개선하면 피드백 효과성이 높아진다.

피드백 전달기술 Feedback Delivery

피드백 제공자가 얼마나 사려 깊게 피드백을 제공하는가를 의미한다. 피드백 제공자의 건설적 의도, 공감, 배려 등이 중요한 요소다.

> **핵심정리 16.**
> 피드백 제공자의 전달기술(건설적 의도, 공감, 배려 등)이 향상되면 피드백 효과성이 높아진다.

피드백 활성화 Promotes Feedback

피드백 추구 행동을 장려하는 문화적 요인 측면에서, 조직 구성원들이 피드백을 요청할 때 편안하다고 느끼는 정도를 말한다.

핵심정리 17.
피드백 활성화 분위기(피드백 장려 문화, 피드백을 편안하게 느끼는 분위기 등)가 구축되면 피드백 효과성이 높아진다.

지금까지 조직 관점에서 피드백 구성요소와 피드백 효과성을 살펴보았다. 지금까지의 결과를 바탕으로 좋은 피드백을 위해 생각해보아야 할 조직 관점의 피드백 환경 요인들을 추가적으로 기술했다.

좋은 피드백을 위한 조직 관점의 피드백 요인
- 조직의 피드백 지향 문화가 발달하면 피드백 효과성이 향상된다.
- 개인의 피드백 지향 수준이 향상되면 피드백 효과성이 향상된다.
- 피드백 제공의 신뢰성 요인(전문성, 판단 능력, 일관성, 유용성, 관찰내용 등)을 개선하면 피드백 효과성이 높아진다.
- 피드백 제공자의 전달기술(건설적 의도, 공감, 배려 등)이 향상되면 피드백 효과성이 높아진다.
- 피드백 활성화 분위기(피드백 장려 문화, 피드백을 편안하게 느끼는 분위기 등)가 구축되면 피드백 효과성이 높아진다.

피드백 제공자가 어쩔 수 없이 부정 피드백을 해야 하는 상황에 처했다면 이메일이나 문자 메시지, 서면보다는 구두 피드백을 활용하는 것이 좋다. 부정 피드백을 받게 되는 상황에서 대부분의 피드백 대상자들은 수용성이나 피드백 지향성이 성숙되어 있지 않기 때문에 건설적 비평을 파괴적 비평으로 오해할 수 있다. 조직 내 피드백 환경이 성숙해지고, 개인의 피드백 지향 수준의 발달 수준을 고려해서 서면 피드백을 활용하기 바란다.

2) 피드백 환경이 좋은 조직의 특성

피드백 환경이 좋은 조직일수록 개인 간에는 좋은 피드백이 이루어질 가능성이 높다. 피드백 환경이 좋은 조직은 긍정적인 직무행동, 즉 직무몰입, 직무만족, 조직 시민 행동 등이 증가하는 것으로 나타났다(Norris-Watts & Levy, 2004). 피드백 환경이 좋은 조직에서는 팀원들 간에 서로 활발한 피드백 교환이 이루어지며, 조직 구성원들이 팀 내 정보를 활발하게 공유하게 된다. 공유되는 정보들은 팀원들의 개인 역량, 특성, 성과 수준 등이며, 팀원들이 서로 간의 역량에 대한 정보나 평가 시스템에 대한 지식이 많을수록 오히려, 평가 공정성 지각에 있어 긍정적인 영향을 미치게 된다.

위에서 언급한 공정성에 대한 지각은 주로 비교에 의한 판단에서 도출되며, 팀 내에서는 주로 다른 팀원이 공정성 판단의 비교 대상이 된다(Greenberg, Ashton-James, & Ashkanasy, 2007). 다른 팀원들의 역량과 특성, 성과 수준, 보상 수준에 대한 정보들은 팀원 간에 피드백을 주고받는 과정에서 공유될 가능성이 있다. 팀원들에 대한 정보가 풍부한 상황에서는 그렇지 않은 팀보다, 팀장의 행동과 피드백에 대한 공정성 판단 기준이 보다 명확해질 수 있다. 평가제도와 관련된 팀원들의 지식의 증가는 평가제도에 대한 만족과 공정성 지각에 긍정적인 영향을 미치게 된다(Williams & Levy, 2000; Pooyan & Eberhardt, 1989).

최근 실리콘밸리 기업들이 많이 활용하는 OKR 방식의 성과관리 특징은 활발한 소통과 피드백을 기반으로 하고 있다. 성과 기반의 조직일수록 업무 현장에서의 소통과 피드백의 중요성이 강조되고 있으며, 이는 다양한 자료들을 통해서도 확인할 수가 있다. 팀원들의 평가 공정성 지각에 대한 긍정 분위기의 향상은 선순환적으로 평가자가 좋은 피드백을 실천할 수 있는 환경을 만들 수 있게 한다. 이는 조직을 강하게 만들고 구성원들의 성장에 기여하며 전체 조직의 성과 항상을 위한 기반이 된다.

피드백 관련 이론 연구
참고문헌

- 김지나(2020). 일의 의미와 피드백 환경이 업무몰입 및 조직몰입에 미치는 영향. 국내 석사학위논문 연세대학교 교육대학원, 서울
- 윤선경, 송영수(2017). 피드백 환경과 가치일치가 조직변화저항 및 조직변화 몰입에 미치는 영향: 금융사 간 PMI(합병 후 통합) 과정을 중심으로. HRD 연구(구 인력개발연구), 19(1), 1-34.
- 이빛나, 손원숙(2018). 피드백 효과에 대한 메타분석: 피드백, 학습과제 및 학습자 특성에 따른 차이. 교육평가연구, 31(3), 501-529.
- 이수호, 한태영(2008). 성과관리 코칭과 피드백 환경이 인사평가 공정성에 미치는 영향. 한국심리학회지: 산업 및 조직, 21(1), 59-81.
- 정영주(2009). 피드백이 과업수행성과에 미치는 영향에 관한 연구. 국내석사학위논문 고려대학교 대학원, 서울
- 조대연, 이윤수, 설현수(2013). 사회인지에서 조직학습 역량요인이 조직 변화 몰입에 미치는 영향. 기업교육연구, 15(2), 135-154.
- 홍소영(2018). 학생 자기평가의 학습효과에 관한 메타분석. 교육평가연구, 31(1), 309-331.
- Ashford, S. J., & Cummings, L. L. (1983). Feedback as an individual resource: Personal strategies of creating information. *Organizational behavior and human performance*, 32(3), 370-398.
- Ashford, S. J. (1986). Feedback-seeking in individual adaptation: A resource perspective. *Academy of Management journal*, 29(3), 465-487.
- Becker, L. J.(1978). Joint effect of feedback and goal setting on performance: a field study of residential energy conservation. *Journal of Applied Psychology*, 63(4), 428-433.

- Farr, J. L., Hofmann, D. A., & Ringenbach, K. L.(1993). Goal orientation and action control theory: Implications for industrial and organizational psychology. *International Review of Industrial and Organizational Psychology*, 8, 193–232.
- Greenberg, J., Ashton-James, C. E., & Ashkanasy, N. M. (2007). Social comparison processes in organizations. *Organizational Behavior and Human Decision Processes*, 102(1), 22–41.
- Greller, M. M., & Herold, D. M. (1975). Sources of feedback: A preliminary investigation. *Organizational behavior and human performance*, 13(2), 244–256.
- Ilgen, D. R., Fisher, C. D., & Taylor, M. S. (1979). Consequences of individual feedback on behavior in organizations. *Journal of applied psychology*, 64(4), 349.
- Kluger, A. N., & DeNisi, A. (1996). The effects of feedback interventions on performance: A historical review, a meta-analysis, and a preliminary feedback intervention theory. *Psychological bulletin*, 119(2), 254.
- Levy, P. E., Albright, M. D., Cawley, B. D., & Williams, J. R. (1995). Situational and individual determinants of feedback seeking: A closer look at the process. *Organizational Behavior and Human Decision Processes*, 62(1), 23–37.
- Lipnevich, A. A., Berg, D. A., & Smith, J. K. (2016). Toward a model of student response to feedback. In Gavin, T. L. B. & Lois, R. H. (Eds.), *Handbook of Human and Social Conditions in Assessment*. New York: Routledge, 169–185.
- Morran, D. K., & Stockton, R. A.(1980). Effect of self-concept on group member reception of positive and negative feedback. *Journal of Counseling Psychology*, 27(3), 260–267.
- Morran, D. K., Robinson, F. F., & Stockton, R. A.(1985). Feedback exchange in counseling group : An analysis of message content and receiver acceptance as a function of leader vs. member delivery, session, and valence. *Journal of Counseling Psychology*, 32, 57–67.
- Norris-Watts, C., & Levy, P. E. (2004). The mediating role of affective commitment in the relation of the feedback environment to work outcomes. *Journal of Vocational Behavior*, 65(3), 351–365.
- Pooyan, A., & Eberhardt, B. J. (1989). Correlates of performance appraisal satisfaction among supervisory and nonsupervisory employees. *Journal of Business Research*, 19(3), 215–226.
- Prue, D. M., & Fairbank, J. A. (1981). Performance feedback in organizational behavior management: A review. *Journal of Organizational Behavior Management*, 3(1), 1–16.

- Steelman, L. A., Levy, P. E., & Snell, A. F. (2004). The feedback environment scale: Construct definition, measurement, and validation. *Educational and psychological measurement*, 64(1), 165-184.
- Sweller, J. (2010). Cognitive load theory: Recent theoretical advances. In J. L. Plass, R. Moreno, & R. Brünken (Eds.), Cognitive load theory (pp. 29-47). Cambridge University Press.
- Williams, J. R., & Levy, P. E. (2000). Investigating some neglected criteria: The influence of organizational level and perceived system knowledge on appraisal reactions. *Journal of Business and Psychology*, 14(3), 501-513.

굿 피드백
팀장은 팩트(F.A.C.T.)로 말한다

초판 1쇄 발행 2022년 2월 20일
초판 7쇄 발행 2024년 10월 18일

지은이 　　김미애, 김선영, 김의철, 박민희, 박세희, 방성환, 안상희, 이경훈, 주민관, 최원설
펴낸이 　　최익성

책임편집 　이승희
편집 　　　이유림

마케팅총괄 임동건
마케팅 　　안보라, 이유림, 임주성
경영지원 　임정혁, 이순미
펴낸곳 　　플랜비디자인
디자인 　　빅웨이브, 박은진

출판등록 제2016-000001호
주소 경기도 화성시 첨단산업1로 27 동탄IX타워 A동 3210호
전화 031-8050-0508
팩스 02-2179-8994
이메일 planbdesigncompany@gmail.com

ISBN 979-11-6832-007-9 03320

*이 책은 저작권법에 따라 보호받는 저작물이므로 무단 전재와 무단 복제를 금지하며, 이 책의 내용을 전부 또는 일부를 이용하려면 반드시 저작권자와 플랜비디자인의 서면 동의를 받아야 합니다.

*잘못된 책은 바꿔 드립니다.
*책값은 뒤표지에 있습니다.